CHRISTOPH WAGNER

ADRIA *kochbuch*

CHRISTOPH WAGNER

ADRIA kochbuch

Von Bari über Venedig bis Dubrovnik. Die 150 besten Rezepte.

Verlag Carinthia

Impressum

Bildnachweis:
© Ferdinand Neumüller, Klagenfurt: Cover, Seiten 6, 14, 26, 38, 44, 62, 66, 72, 84, 88, 102, 106, 112, 116, 120, 134, 138, 162, 166, 190, 192
Foodstyling Covermotiv: Stefan Vadnjal, Klagenfurt
© Peter Kelih, Zell Pfarre: Seiten 56, 94, 152, 156
© Nicolò Gamberotto/Fuocolento, Pavia di Udine: Seiten 22, 24, 58, 168, 176, 178
© K. M. Westermann, Wien: Seiten 16, 20, 50, 78, 108, 124, 148, 172, 182
© Manfred Burger, Wien: Seiten 30, 80, 98, 128, 142, 180

Gestaltung, Satz & Repro: werk1 Grafik & Design GesmbH, Klagenfurt
Druck und Bindung: Druckerei Theiss GmbH, St. Stefan im Lavanttal

ISBN 978-3-85378-636-9

INHALT

8 Einleitung

14 *rund um die hafenmole*
Kleine und größere Appetitmacher

62 *von brodet bis jota*
Sonnige Suppen und duftende Töpfe

84 *pasta und reis*
Wenn rund ums Meer Getreide wogt

106 *il mare*
Die adriatische Fisch- und Krustentierküche

134 *lamm, huhn, wild und co*
Vom Kleinvieh bis zum großen Braten

166 *la dolce vita*
Die adriatische Süßspeisenküche

188 Rezeptregister

EIN OZEAN DES WOHLGESCHMACKS

Eine kulinarische Küstenreise entlang der Adria

Adria – das ist ein Zauberwort, das unter Genießern aus aller Welt Sehnsüchte nach Sonne, Sandstränden, Laguneninseln, traumverlorenen stillen Buchten, Felsenküsten, dampfenden Fischtöpfen, duftenden Bitterkräutern, üppig gefüllten Gemüsekörben, würzigen Käsen, Knoblauch, Olivenöl, Holzkohlenrost und Spanferkeln weckt, die sich am Spieße drehen.
Wahrlich spektakulär sind die Genüsse, die uns die Adria selbst zur Verfügung stellt, auch wenn sie in den letzten Jahren aufgrund zahlreicher ökologischer Sünden damit zunehmend geizt. Doch noch ist sie vorhanden, die schier unerschöpfliche Fülle von großen und kleinen Meeresfischen, von Muscheln, Meertrüffeln, Seespinnen und anderem zappelndem Meeresgetier, das die großen Fischmärkte zwischen San Benedetto del Tronto, Chioggia, Marano Lagunare, Opatija und Dubrovnik füllt.
Doch nicht nur das Meer selbst versorgt seine Anrainer mit Nahrung, sondern auch das Küstenland mit seinen fruchtbaren Tiefebenen, den wildreichen Ufergebirgen, den oft kargen und karstigen, aber kulinarisch gleichwohl ergiebigen Landstrichen und dem da und dort sogar vom Meerwasser umspülten Grasland, in dem die Hirten ihre Kühe, Schafe und Ziegen auf die Weide treiben.
So präsentiert sich die nach der gleichnamigen Stadt im Veneto benannte Adria – lateinisch Mare Adriaticum, slawisch Jadran und albanisch Deti Adriatik – nicht nur als ein Meer fürs Auge und die Seele, sondern auch als eines für den Gaumen.
Im Verhältnis zum Mittelmeer ist die 132.000 Quadratkilometer Wasserfläche umschließende Adria im Grunde nichts anderes als eine riesige Bucht, die sich zwischen Apenninenstiefel und Balkanhalbinsel erstreckt und von der Lagunenlandschaft im Norden bis zur 71 Kilometer langen Straße von Otranto zwischen Italien und Albanien im Süden reicht. Geografisch betrachtet mag die Adria, so gesehen, ein „Nebenmeer" sein. Im Laufe seiner Geschichte ist es jedoch sowohl für seine Anwohner als auch für seine Besucher zu einem veritablen „Ozean der Genüsse" geworden.

Beginnen wir unsere kleine adriatische Küstenrundfahrt also am Südwestende der Adria, im zauberischen ***Apulien*** an Italiens Stiefelsporn – dem Land der Staufer, der verwunschenen Grotten und der bizarren alten Seeräubernester auf den Felsenriffen, die nur 80 Kilometer von der gegenüberliegenden albanischen Küste trennen. In Apulien riecht es nach Salz und Hafenmole, es duftet aber auch nach Knoblauch und Olivenöl. Und in kaum einer italienischen Region pflegt man einen so verschwenderischen Umgang mit Zwiebeln wie hier. In den Töpfen wetteifern Octopusse mit Innereien, Goldbrassen mit Milchlämmern, Bohnen mit Kichererbsen und die muschelförmigen Orecchiette-Nudeln mit den hier Cocule genannten Gnocchi um die Gunst des Genießers, der sich in Apulien schon seit jeher in ein Schlaraffenland der einfachen Genüsse versetzt fühlt.

Nicht minder selbstverständlich und unprätentiös genießt man im weiter nördlich gelegenen ***Molise,*** einer Region, in der neben den Adriafischern traditionell die Schaf- und Ziegenhirten des Hinterlands für die Nahversorgung auf den hier oft ziemlich langen Familientafeln zuständig sind. Sowohl die maritimen als auch die terrestrischen Freuden werden hier gerne mit Kürbissen, Fenchel, Artischocken, ofengebackenen Erdäpfeln und der autochthonen Pasta – den fein geschnittenen Crioli – kombiniert. Auch Wild und Wildvögel bevölkern – wie fast überall im adriatischen Hinterland – in reichlichem Maße die Tafeln. Viele Gerichte duften hier übrigens nach dem Safran Abruzzo, der zu den feinsten und teuersten Gewürzen des Adriaraums zählt.

Eine der archaischsten Küchen im Adriaraum hat sich in den ***Abruzzen,*** der Heimat Ovids und D´Annunzios, erhalten. Zwischen den Sand- und Kiesstränden von Pescara und dem 2912 m hohen Gran Sasso versteht man bis heute, jene „Panarde" genannten Feste zu zelebrieren, die sich schon im Mittelalter wie Leuchtspuren durch den kargen Alltag zogen. Dass die Abruzzen zu jenen Regionen zählen, in denen man sowohl baden als auch Schi fahren kann, wirkt sich auch auf den Stil der Küche aus, die dank einer erklärten Liebe zu Peperoncino, Safran, Scamorzakäse und altem Pecorino, Chitarra-Maccheroni und dem berühmten Basciano-Schinken so pikant wie würzig ist. Noch vielfältiger als die Dialekte sind nur die Aromen in dieser schlaraffischen Region, wo die Kruste der frisch gebratenen porchetta (Spanferkel) wie eine Glasharmonika klirrt und die „Le virtu" genannte Minestrone mindestens sieben Stunden lang zu einer veritablen „Ursuppe" verköchelt.

Nördlich der Abruzzen ist die Region mit dem martialischen Namen ***Marken*** malerisch zwischen Adria und Apenningebirge eingebettet. Der Name geht auf die alten Karolinger zurück, doch heute verbindet man das Land zwischen Pesaro und den sibillinischen Bergen vor allem mit Gioacchino Rossini, der nicht nur einer der größten Komponisten, sondern auch einer der größten Feinschmecker und Maccheroni-Kenner Europas war. Sein schier unstillbarer Appetit erwachte in einem Land, das für einen Sybariten wie Rossini wie geschaffen scheint. Es ist die Heimat der Razza Marchigiana genannten autochthonen Rinderrasse, ein fruchtbares Gebiet des Gemüseanbaues, das Land der gebackenen und gefüllten Oliven – und es beherbergt in San Benedetto del Tronto den bis heute wichtigsten Fischmarkt der Adria. Vor allem jedoch ist die Provinz Pesaro der größte Konkurrent der piemontesischen Trüffelstadt Alba. Im Gegensatz zu diesem kann es jedoch auch mit „Tartufi di mare" aufwarten. Und in Ancona soll (nicht nur) Napoleon die beste Lasagne seines Lebens gegessen haben.

Die im Norden an die Marken grenzende ***Emilia Romagna*** würde alleine ein Kochbuch füllen. Ist sie doch neben der Toskana das Kernland der Cucina italiana schlechthin. Die Emilia gilt nicht zu Unrecht als Mutterland der Pasta. Nicht nur die Spaghetti bolognese, sondern auch Tortellini, Ravioli, Tagliatelle, Cannelloni, Lasagne – kurzum: die meisten gefüllten Nudeln – haben hier das Licht der Pastawelt erblickt (oder zumindest wird es behauptet). Zudem ist die Emilia Romagna die Heimat des Parmigiano Reggiano und des Gran Padano, die Geburtsstätte des Parmaschinkens sowie der Schinkenspezialitäten Culatello und Coppa, der Mortadella, des Panchetta (Speck) und der Salsiccia (Rohwurst), des Cotechino di maiale (Schlackwurst) und des Zampone (gefüllter Schweinsfuß).
Der Fisch hat es angesichts so opulenter Fleischeslust in der Emilia gar nicht so leicht. Andererseits warten berühmte Badeorte wie Rimini und Riccione mit einer Fülle von maritimen Lokalen auf, deren Fischküche sich von jener des Veneto jedoch kaum unterscheidet. Unverwechselbar „emilianisch" sind indessen das halbgefrorene Semifreddo und die klassische Panna cotta.

Der ***Veneto*** schlägt auf unserer Reise die erste große kulinarische Brücke zur östlichen Adria. Schließlich war die Republik Venedig über Jahrhunderte nicht nur ein starker politischer, sondern auch ein kulinarischer Muskel, dessen geballte Kraft bis nach Ragusa, ins heutige Dubrovnik, reichte. Was seine Küche betrifft, ist der Veneto, dessen kulinarische Spannkraft die lebensfrohe Serenissima ebenso wie die karge Gebirgsküche der Dolomiten einschließt, von einer klassischen „Cucina di monte e mare" geprägt, die sich auf vier Grundfesten stützt: Polenta, Risotto, Bohnen und Baccalà (Stock- oder Klippfisch). Dazu gesellt sich eine einfache Lagunenküche mit einer unerschöpflichen Vielfalt an Meeresgetier, Sardellen und anderen Kleinfischen. Selbst die Tinte der Calamari wurde hier zu einer bedeutenden Würzzutat geadelt, ebenso wie Pinienkerne, Rosinen, Honig, Mandeln, Nelken, Zimt, Ingwer, Safran, Aceto (Essig) und Mostarda (Senf). Zur an Goldonis Commedia dell'Arte erinnernden burlesken Vielfalt der Geschmäcker passt auch die Tatsache, dass die venezianische Küche mit Carpaccio und Tiramisu die internationale Küche um zwei veritable kulinarische Welterfolge bereichert hat.

Der venezianischen Küche eng verwandt und stilistisch auch wechselseitig verbunden ist jene von ***Friaul-Julisch Venetien***. Während jedoch im Veneto die Italianità der Serenissima vorschmeckt, so hat sich im Friulanischen – und vor allem in der Triestiner Küche – die Kochtradition der altösterreichischen Donaumonarchie mit all ihren ungarisch-böhmisch-jüdisch-balkanesischen „Seitensträngen" vom „goulash triestino" bis zum „kaiserfleish" bis heute erhalten. Auch in Friaul verschränken sich die Einflüsse einer kargen Bergküche mit jenen einer nicht minder ärmlichen Fischerküche. Und auch wenn Gerichte wie Cjalzons (süße Ravioli) oder ein Gradeser Boreto (geschmorter Fisch in Essig-Knoblauchsauce) heute in vielen schicken und teuren

Osterie auf der Karte stehen, ändert dies nichts daran, dass es sich dabei, ähnlich wie beim käsedominierten Holzfällergericht Frico, den sauer marinierten Sarde in Saor, dem Cotechino (Schlackwurst) mit sauren Rüben oder der Paparot (gebundene Spinatsuppe), um klassische Cucina povera, also um „Arme-Leute-Gerichte", handelt.

Der venezianische Einfluss setzt sich auch an der Ostküste des Adriatischen Meeres ungebrochen fort. Ganz ähnlich wie uns der Markuslöwe auf den Markt- und Stadtplätzen der Hafenstädte wie ein treues Hündchen bis tief in den Süden begleitet, verhält es sich auch mit den venezianischen Küchenklassikern. Das trifft vor allem auch auf die nur 46,6 km lange Küstenregion ***Sloweniens*** zu, deren maritime Küche sich kaum von jener Julisch-Venetiens unterscheidet, auch wenn der Rundkornreis der Risotti allmählich langkörnigen Reissorten weicht, statt Penne und Spaghetti lieber die über die Fingerkuppe gerollten Fuzi verwendet werden, die Ravioli zu Zlikrofi mutieren und die Muscheln nicht mehr „alla marinara", sondern „alla buzara" zubereitet werden. Starke autochthone Akzente setzt indessen die slowenische Küche des karstigen Hinterlands, wo man noch Bären- und Fohlenfleisch, vor allem aber Potitzen, Pogatschen, Struklji (Strudel) – und den vom weichen, zart-aromatischen friulanischen Prosciutto völlig unterschiedlichen Karst-Schinken Pršut findet, dessen Aroma vor allem vom Meersalz und den schneidigen Bora-Winden bestimmt wird, in denen er heranreift.

Der längste Teil der adriatischen Ostküste liegt heute auf kroatischem Gebiet, wobei sich zwischen den einzelnen Landschaftsküchen doch auch feine Unterschiede feststellen lassen. ***Istrien,*** die alte „Gespanschaft" und „Perle unter den Kronländern" der alten Donaumonarchie, verdient auch in kulinarischer Hinsicht ihren schmückenden Beinamen „Terra magica". Hier kocht man besonders gerne unter der Peka, dem Glockengrill, der mit heißer Asche bestreut und über Kalbsstelzen, Lammrücken oder ganze Fische gestülpt wird. Denn selbstverständlich spielt auch auf der istrischen Halbinsel die Fischküche eine dominante Rolle. Wahrhaft kostenswert sind etwa die Jakobsmuscheln und andere Schaltiere aus dem Limski-Kanal, und die Seezungen von der Mirnamündung haben den Ruf, die festfleischigsten im ganzen Mittelmeer zu sein. Unter Gourmets legendär sind auch die Seespinnen aus der Bucht von Premantura im Süden Istriens, die für einen der schönsten Leuchttürme der Adria berühmt ist. Noch legendärer sind nur noch die istrischen Trüffeln, die – wie eine DNA-Analyse ergab – genetisch ident mit jenen aus dem Piemont sind.

Manche nennen den ***Kvarner*** zwischen den Städten Lovran und Opatija sowie den Hauptinseln Krk, Rab, Cres und Losinj die „schönste Bucht der Adria". Die 30 km lange „Riviera von Rijeka" ist aber keineswegs nur ein zauberhaftes Reiseziel, sondern auch ein bemerkenswerter Berührungspunkt von Berg- und Meeresküche. Mit

den „Kvarner Skampi" können sich, was Fleischigkeit und Geschmack betrifft, nur jene Norwegens messen. Auf den meerumspülten Inseln, insbesondere auf Cres, wachsen Lämmer heran, deren Fleischqualität jener des französischen Presalé-Lamms durchaus ebenbürtig ist. Und im Ucka-Gebirge, das sich steil über der Meeresküste aufwirft, sorgt eines der ergiebigsten Jagdreviere Kroatiens für einen üppigen Reichtum an Wild- und Wildgeflügelgerichten.
Doch es sind keineswegs nur die fleischlichen und fischigen Genüsse, die den Charakter der Küche des „Quarnero" ausmachen. Allenthalben in dieser Bucht duftet es nach Lorbeer, wildem Spargel und Oliven, und für die köstlichen Desserts der Kvarner Küche sind nicht zuletzt die berühmten Kastaniengärten entlang des malerischen Lungomare verantwortlich, denen jeden Herbst sogar eine eigene „Marronata" gewidmet ist.

Die kulinarischen Leitmotive, die in Istrien und im Kvarner bereits angeklungen sind, setzen sich auch im von gezählten 1185 vorgelagerten Inseln gesäumten ***Dalmatien*** fort, das gerne auch als „Sonnenbalkon Europas" bezeichnet wird. 500 km Küstenstrich und die ertragreichsten Fischgründe des Mittelmeers prägen selbstverständlich auch die dalmatinische Küche, deren hervorstechendstes Merkmal ihre betörende Schlichtheit ist. Ein paar Wildkräuter, reichlich duftendes Öl und in Salzlake eingelegte schwarze Oliven, dazu noch frische Gemüse wie Zucchini, Melanzani, Paradeiser, Artischocken, Weißkraut, Bohnen und Paprikaschoten – damit ist über die Rezepte schon das Wichtigste gesagt: außer vielleicht, dass sie weniger von ihrer kochtechnischen Raffinesse als von der Frische der Zutaten leben. Es ist aber nicht nur eine Küche des kurzgebratenen Fisches und Fleisches, sondern auch eine der opulenten Schmortöpfe und Aufläufe, bei deren Zubereitung oft auch Schafkäse und Kajmak (dickgelegte Milch) eine besonders wohlschmeckende Rolle spielen. Aus dem Hinterland des Balkans dringen indessen immer wieder pikante und scharfe Aromen durch, die ihr süßes Gegengewicht in einer üppigen, schmalzgebackenen und in saftige Füllungen und Cremen verliebten Mehlspeisküche finden.

Auch die Küche ***Montenegros*** erweist sich dank der Einflüsse aus dem Balkan-Hinterland als äußerst vielfältig. Zudem ist vor allem der Süden Montenegros äußerst fruchtbar und liefert reichlich Gemüse wie Karotten, Zwiebeln, Paradeiser, Bohnen, Spinat, Gurken und Kohl sowie Früchte wie Pflaumen, Nüsse und Trauben. Abseits der venezianisch beeinflussten Meeresküche warten Montenegros Tafeln mit einer Reihe autochthoner Spezialitäten, unter anderem mit dem Nationalgericht Ćevapčići, auf, das hier – zumindest nach Ansicht der Montenegriner – seinen wahren Ursprung hat. Landestypische Gerichte sind aber auch gefüllte Weißkohlblätter, und aus dem nahen Griechenland grüßt auch schon die Musaka herüber, die hier allerdings gerne in gebietstypischen Varianten (etwa mit Kohl und Paradeisern) zubereitet wird. Bei den Desserts wiederum findet sich vor allem auch die Feige als süßes Leitmotiv.

Nur 24 km Adriastrand nennt ***Bosnien-Herzegowina*** sein Eigen – weshalb die Fischküche gegenüber den terrestrischen Köstlichkeiten nur eine eher untergeordnete Rolle spielt. Dafür sind griechische, aber auch rumänische, vor allem jedoch orientalische Einflüsse sehr deutlich schmeckbar. Allenthalben in Bosnien-Herzegowina duftet es nach Holzkohlengrill. (Auch die Bosnier sind übrigens, ebenso wie die Serben, der Meinung, die Ćevapčići erfunden zu haben.) Wenn es etwas ganz Besonderes zu feiern gilt, stehen auch üppige, mit vielerlei Fleisch und Gemüse gefüllte Schmortöpfe wie der berühmte „Bosanski Lonac“ auf dem Speisezettel, während im Alltag die unterschiedlichsten Arten von Burek (gefüllte Blätterteigpasteten), Pita (gefülltes Fladenbrot), Dolma (gefüllte Weinblätter) – und vor allem die sündhaft-süßen Balkan-Desserts von Lokum (türkischer Honig) bis zur süßen Kürbis-Pita für kulinarische Abwechslung sorgen.

Da ***Albanien,*** dessen 362 km langes Küstenland unmittelbar an der Grenze von Adria und Ionischem Meer liegt, sich während der kommunistischen Enver-Hoxha-Diktatur als hermetisch abgeschlossene Festung von der übrigen Welt abschottete, ist die vorzügliche albanische Küche erst in den 90er Jahren allmählich wieder bekannt geworden. Gerade durch diese jahrzehntelange „Konservierung“ haben sich hier jedoch viele archaische Rezepte und Kochtechniken in erfreulich naturbelassener Form erhalten. Auch das Fleisch der unterschiedlichsten autochthonen Haustierrassen genießt – ebenso wie der albanische Schafkäse – einen ausgezeichneten Ruf. Die vor allem in der Levante verbreitete Meze-Kultur hat hier endgültig jene der venezianisch inspirierten Antipasti abgelöst. Im Übrigen findet man kaum anderswo so viele unterschiedliche Börek-Gerichte wie hier. Auch Joghurt und Kajmak sind unentbehrliche Zutaten der bis heute schlichten, aber sehr wohlschmeckenden albanischen Küche. Während die Fischgerichte sich nur unwesentlich von jenen der umliegenden Balkanländer unterscheiden, steht die vorzügliche Mehlspeisküche jedoch ganz klar unter türkisch-orientalischem Einfluss und fließt geradezu von Milch und Honig.

Womit unsere kleine Küstenrundfahrt dort endet, wo wir sie – in Apulien – auch begonnen haben: nämlich mitten im Schlaraffenland.

Christoph Wagner

rund um die hafenmole

Kleine und größere Appetitmacher

»Das Meer zieht uns an und bezaubert uns, aber immer zeigt sich, früher oder später, dass das Leben am Meer eine Versuchung darstellt, der wir weder geistig noch körperlich gewachsen sind.«

Ivo Andric

1 kg Skampi
Dotter von 4 Wachteleiern oder 1 Hühnerei
1 Spritzer grüne Tabascosauce
1 Messerspitze fein gehackten frischen Ingwer
Salz
Pfeffer
Petersilie
Grapefruit und Butter zum Anrichten

COCKTAIL VON KVARNER SKAMPI/
Kvarner Rezept aus der Villa Astra in Lovran

Skampi kurz in kochendem Wasser pochieren, auslösen und das Fleisch grob hacken (es sollte kein »Püree« werden, sondern Biss haben). Vier Skampi im Ganzen belassen und beiseitestellen. Zimmerwarme Eidotter mit Tabasco und Ingwer anrühren und unter ständigem Rühren mit Schneerute oder Handmixer das ebenfalls zimmertemperierte Öl zunächst tropfen- und dann strahlförmig einlaufen lassen, bis die Sauce emulgiert und dick wird. Anschließend das gehackte Skampifleisch in die Mayonnaise einrühren und portionsweise auf Grapefruitscheiben anrichten. Mit Petersilie garnieren und je mit einem ganzen Skampo servieren.

Tipp

Wenn Sie etwas Paradeismark oder Paprikapulver in die Mayonnaise einrühren, bekommt sie nicht nur eine appetitliche rosa Farbe, sondern schmeckt auch noch pikanter. Der fein gehackte Ingwer kann auch durch etwas Knoblauch ersetzt werden.

Wein

Malvazija

2–3 kg Muscheln
600 ml Wasser
2 Zwiebeln
4 Zehen Knoblauch
1/2 Knolle Sellerie
2 Stück Lorbeerblatt
1 TL Thymian
1 Zweiglein Rosmarin
Salz, Pfeffer
Saft einer Zitrone
100 g Mayonnaise
1 Dutzend schwarze Oliven

KLAPAVICE/Albanischer Muschelsalat

Zwiebel und Knoblauch und Sellerieknolle grob würfeln, in Wasser ansetzen und mit den Gewürzen auf kleiner Hitze ca. 30–40 Minuten zugedeckt dünsten. Gut gewaschene und gebürstete Muscheln in den Topf geben und zugedeckt dämpfen, bis sich die Schalen öffnen. Muscheln aus den Schalen lösen und mit kaltem Wasser abschrecken. Kochflüssigkeit abseihen, mit Zitronensaft vermischen und nach Bedarf salzen und pfeffern. Die Flüssigkeit mit Mayonnaise zu einer Marinade rühren und mit dieser die ausgelösten Muscheln übergießen. Muschelsalat kalt stellen und vor dem Servieren mit entkernten und halbierten schwarzen Oliven dekorieren.

Tipp

Wenn man den Zitronensaft durch 1 dl trockenen Weißwein ersetzt, mundet der Salat ebenfalls sehr gut.

Fleisch von 2–3 Taschenkrebsen (oder anderes Krebsfleisch)
4 hartgekochte Eier
2 Eidotter
200 ml Öl
1 Schuss Zitronensaft
1 Msp. Senf
80 g Spinat, vorpochiert
Salz, Pfeffer
gekochter Spinat für die Farbe
Rucola für die Garnitur

GRÜNE EIER MIT TASCHENKREBSEN/Istrien

Taschenkrebse in Salzwasser kochen, Schalen aufbrechen, Krebsfleisch auslösen, auskühlen lassen und grob schneiden. Eier hart kochen, halbieren, Dotter entfernen, fein hacken und beiseitestellen. Aus Öl, frischen Dottern, Zitronensaft, Senf und fein passiertem Spinat eine grüne Mayonnaisesauce zubereiten. Die Hälfte des Krebsfleisches mit der Mayonnaise vermischen und die Eierhälften damit füllen. Das restliche Krebsfleisch darauf drapieren und mit den gehackten Eidottern bestreuen. Die gefüllten Eier auf mit Essig und Öl mariniertem Rucola anrichten.

Wein

Malvazija

250 g Gamberetti
(kleine Meerkrebse)
500 g Miesmuscheln
250 g Canestrelli
(winzige Jakobsmuscheln)
1 Stangensellerie
Saft von 1 Zitrone
Olivenöl nach Belieben
Meersalz und schwarzer Pfeffer
aus der Mühle

INSALATA »AL PESCATORE«/Meeresfrüchtesalat aus dem Veneto

Salzwasser zum Kochen bringen und Gamberetti, Miesmuscheln und Canestrelli darin etwa 2 Minuten lang kochen. Meeresfrüchte abseihen und möglichst schnell von den Schalen befreien, damit sie noch lauwarm auf den Tisch kommen können.
Die ausgelösten Meeresfrüchte in einer Schüssel mit fein gehacktem Stangensellerie vermischen, mit Zitronensaft und Olivenöl marinieren, mit Meersalz und schwarzem Pfeffer sowie mit dem fein gehackten Selleriegrün bestreut servieren.

Wein

Soave Superiore

1 Octopus von mittlerer Größe
100 g sonnengetrocknete
Paradeiser
80 g schwarze Oliven
2 EL Pesto
1–2 EL feinstes natives Olivenöl
2–3 EL geröstete Pinienkerne

OCTOPUS MIT PESTO UND PIGNOLI/Molise

Octopus gemeinsam mit etlichen Flaschenkorken ca. 40 Minuten lang in Salzwasser kochen und in mundgerechte Stücke schneiden. Sonnengetrocknete Paradeiser grob hacken, Oliven entkernen und halbieren. Alles vermischen und mit Pesto und Olivenöl abmachen. Mit frisch gerösteten Pignoli am besten noch lauwarm servieren.

Wein

Biferno Bianco

1 kg Scampi
100 g Butter
200 ml Sahne
Salz
Pfeffer
grüne Tabascosauce nach Geschmack

PARFAIT VON KVARNER »SKAMPI«/ Rezept aus der Villa Astra in Lovran *(Foto)*

Scampi in kochendem Wasser kurz pochieren, auslösen und das Fleisch fein hacken. „Scampinasen" gut auswaschen und beiseitestellen. Butter in einer Pfanne aufschäumen und das „Scampihack" kurz hindurchziehen. Salz, Pfeffer und Tabasco hinzufügen, leicht überkühlen und mit geschlagenem Obers gut verrühren. Masse in Portionsförmchen füllen und im Gefrierfach mindestens drei Stunden, am besten über Nacht gefrieren lassen. Vor dem Servieren Förmchen ganz kurz in heißes Wasser stellen, damit sie sich leicht stürzen lassen. Das Parfait mit den „Scampinasen" dekorieren und mit Vollkornbrot als kalte Vorspeise servieren.

Wein

Zlahtina

800 g Sardellen
150 ml Öl
80 ml Zitronensaft
3 EL Petersilie, fein geschnitten
4 Knoblauchzehen
2 EL Pangrattato (entrindete Weißbrotbrösel)

GEBRATENE SARDELLEN IM EIGENEN SAFT/Molise

Sardellen ausnehmen, zuputzen, von den Köpfen befreien, gründlich durchwaschen und abtrocknen. Eine möglichst schwere Bratform gut einölen und die Fische einschlichten. Mit fein gehacktem Knoblauch, Petersilie, Salz und Pfeffer bestreuen, mit Zitronensaft beträufeln, alles gut durchmischen und noch einen Schuss Öl angießen. Die Sardellen im auf 180° C vorgeheizten Rohr ca. 30–40 Minuten braten. Den beim Braten austretenden Saft mit Bröseln binden, die Sardellen abkühlen lassen und als Antipasti servieren. Im Kühlschrank halten sie sich problemlos mehrere Tage.

Tipp

Wer die Sardellen noch etwas pikanter haben will, kann die Sardellen auch mit fein gehackten Peperoncini bestreuen oder statt des Olivenöls Peperonciniöl verwenden.

Wein

Biferno Bianco

1 kg Baccalà
(Stockfisch oder Klippfisch)
200 ml Milch oder
leicht gewässerte Panna (Obers)
200 ml Olivenöl
1 Knoblauchzehe

BACCALÀ MANTECATO/ Stockfischpüree aus dem Veneto *(Foto)*

Den Baccalà mindestens 24 Stunden wässern, dabei möglichst drei- bis viermal täglich das Wasser wechseln. Den gewässerten Stockfisch in handtellergroße Stücke zerschneiden und in heißem Wasser (salzfrei) pochieren. Danach noch einmal kalt abwaschen und von Gräten, Häuten und Strängen befreien. Die Fischstücke in eine mit zerdrücktem Knoblauch und wenig Olivenöl ausgestrichene Kasserolle geben und auf kleinster Flamme mit einem Löffel oder Bratenwender zerwirken. Dazwischen immer wieder abwechselnd etwas Olivenöl und Milch angießen. Je nach Konsistenz hat sich der Fisch dann nach 15–30 Minuten allmählich in einen weißen Brei verwandelt. Das so entstandene Fischpüree braucht normalerweise nicht oder nur ganz behutsam gesalzen zu werden und wird klassisch mit oder auf gebratener Polenta serviert.

Wein

Soave

12 Scampischwänze, ausgelöst
1 El Butter
1 EL Olivenöl
1 KL Paradeismark
1 Prise Chilipfeffer
125 ml Obers
1 Schuss italienischer Traubenbrand
4 Scheiben geröstetes Kastenbrot

SCAMPI IN BRANDY AUF CROÛTONS/ Venedig

Butter und Olivenöl in einer Pfanne erhitzen und Scampi darin eher zart anschmelzen als wirklich braten. Scampi je nach Größe nach 1–2 Minuten Bratzeit wieder aus der Pfanne heben. Bratrückstand mit Obers aufgießen. Paradeismark und Brandy einrühren. Mit Chilipfeffer und Meersalz abschmecken. Kurz einkochen lassen. Scampi in die Sauce zurückgeben und noch einmal kurz durchziehen. Scampi auf gerösteten Brotscheiben anrichten und mit der Sauce überziehen. Heiß servieren.

Wein

Breganze Bianco

24 Sardinen
etwas Mehl
100 ml Olivenöl
200 g Zwiebeln
2 Dutzend schwarze Pfefferkörner
40 ml Weißweinessig
Meersalz

SARDONI IN SAVOR/ Sardinenrezept aus Triest *(Foto)*

Sardinen mit einem Tourniermesser von den Gräten befreien, waschen, in Mehl wälzen und in heißem Olivenöl beidseitig knusprig braten. Sardinen herausheben, kalt stellen und im verbliebenen Öl die nudelig geschnittenen Zwiebel auf kleiner Flamme eher dünsten als rösten. Zwiebel mit einer Schöpfkelle aus dem Öl heben und mit Essig sowie Pfefferkörnern vermischen. Die ausgekühlten Zwiebeln über die Sardinen drapieren und in einer geeigneten Form 24 Stunden im Kühlschrank marinieren.

Tipp

Die Sardoni in Savor können mit Pignoli und zuvor in Grappa marinierten Rosinen verfeinert werden. Statt des Essigs kann auch friulanischer Süßwein (Ramandolo, Verduzzo Friulano oder Picolit) verwendet werden.

Wein

Vitovska

600 g Calamaretti
(kleine Tintenfische)
reichlich Weißmehl
reichlich Pflanzenöl
Meersalz
Zitronenscheiben

FRITTIERTE CALAMARETTI/Veneto

Calamaretti waschen, zuputzen, mit Küchenkrepp gründlich trocken tupfen und in ein Sieb geben. Mit reichlich Mehl überschütten und das Sieb über einer Schüssel so lange gut durchrütteln, bis alles überschüssige Mehl durchgesiebt ist. Frittieröl erhitzen, bis ein Wassertropfen darin verzischt. Calamaretti goldbraun backen, aus der Pfanne heben und auf Küchenkrepp gründlich abtrocknen. Auf Butter- oder Pergamentpapier legen und mit Zitronenscheiben garnieren.

Tipp

Dieses Grundrezept für jeglichen „Fritto misto" lässt sich auf so gut wie alle kleineren Meeresfrüchte und Schaltiere, aber auch auf Sardellen, Sardinen und kleinere Fischstücke anwenden.

Wein

Bianco di Custoza

12 ausgelöste Jakobsmuscheln (Cappesante) mit orangenen Eiersäcken und Muschelschalen
2 EL Butter
2 EL Olivenöl
1 Knoblauchzehe
2 EL Petersilie, grob gehackt
1 Schuss Vermouth
Meersalz und Pfeffer aus der Mühle

GRATINIERTE JAKOBSMUSCHELN/ Grado *(Foto)*

Butter und Olivenöl erhitzen, Knoblauchzehen und Petersilie kurz andünsten und den Sud mit etwas Vermouth verfeinern. Jakobsmuscheln in die Mitte der Schale (oder eines kleinen, feuerfesten Gratinierförmchens) setzen, salzen, pfeffern und mit dem Sud wie mit einem dünnen Film überziehen. Muscheln ins auf höchster Stufe vorgeheizte Backrohr schieben und 2–3 Minuten überbacken, so dass sie zwar heiß, aber noch glasig sind.

Wein

Pinot Bianco

500 g Vongole (Venusmuscheln)
1 kleine Zwiebel
1 Karotte
2 El Olivenöl
125 ml trockener Weißwein
1 TL Paradeismark
Meersalz und schwarzer Pfeffer aus der Mühle
2 EL Petersilie, grob geschnitten

VONGOLE IN WEISSWEIN-PARADEISERSAUCE/ Marken

Karotte und Zwiebel fein schneiden, in etwas Öl anbraten, die Vongole hinzufügen, mit Wein ablöschen und zugedeckt dünsten lassen, bis sich die Muscheln geöffnet haben. Paradeismark einrühren, salzen, pfeffern und mit frischer Petersilie bestreut in vorgewärmten tiefen Tellern servieren.

Wein

Bianchello del Metauro

2 Dutzend Meerschnecken (Garusoli)
1 Bund Wurzelwerk
Pfefferkörner, Lorbeerblatt, Lauch- oder Jungzwiebelgrün
1 Schuss Essig
1 Msp. Safran
2 EL Butter
100 g Erbsen
1 kleine Zwiebel
1 dl Vermouth
2–3 eiskalte Butterstücke
4 Lasagneblätter
1 EL Petersilie, grob gehackt

MEERSCHNECKEN IM SAFRANSUD/ Emilia Romagna

Wurzelwerk in leicht gesalzenem Wasser 15 Minuten kochen. Einen Schuss Essig hinzufügen und die Meerschnecken weitere 10–15 Minuten in diesem Sud kochen. Meerschnecken herausheben, Sud aufbewahren. Meerschnecken mit einer spitzen Nadel aus den Schneckenhäusern pieken. 1 dl vom Sud abschöpfen und die Safranfäden darin auflösen. Im restlichen Sud die Lasagneblätter kernweich kochen.
In einer Kasserolle etwas Butter zerlassen, Zwiebel anschwitzen und Erbsen hinzufügen. Mit Vermouth und Safransud aufgießen und die Erbsen weich dünsten. Die ausgelösten Meerschnecken hinzufügen und mitdünsten, bis sich die Flüssigkeit auf etwa ein Drittel einreduziert hat. Kasserolle von der Herdplatte ziehen, kalte Butterstücke darin auflösen. Vier vorgewärmte Schüsselchen mit jeweils einem Lasagneblatt auslegen und das Schnecken-Erbsenragout darüber gießen. Mit grob gehackter Petersilie garnieren.

Wein

Albana Bianco

500 g möglichst festkochende Salatkartoffeln
1 weiße Zwiebel
100 g Bottarga (getrockneter Rogen von Meeräsche oder Thun)
1 Knoblauchzehe
1 Sardellenfilet
1 EL Weißweinessig
3 EL Olivenöl
grobes Meersalz
schwarzer Pfeffer aus der Mühle
Petersilie, frisch geschnitten

ERDÄPFELSALAT MIT BOTTARGA/ Friaul-Julisch Venetien

Geschälte Erdäpfel in Salzwasser kochen, in feine Scheiben schneiden und in einer Salatschüssel anrichten. Zwiebel fein hacken und mit dem Fischrogen vorsichtig daruntermischen. Marinade aus durchgepressten Knoblauchzehen, fein gehackten Sardellenfilets, Essig, Öl, wenig grobem Meersalz und etwas frisch geschrotetem Pfeffer herstellen und über den Salat gießen. Mit fein gehackter Petersilie garnieren.

Wein

Ribolla Giallo

Der Kaviar der Adria

Dass Kaviar aphrodisisch und erotisierend wirkt, weiß jeder, der ihn schon einmal probiert hat. Nicht ganz so bekannt, aber nicht minder stimmbandölend ist hingegen die Bottarga, der Kaviar der Adria, der nicht vom Stör, sondern von der Meeräsche stammt und fast genauso teuer ist wie sein entfernter Verwandter aus dem Kaspischen Meer. Die Meeräsche, auch Mugil cephalus genannt, ist ein dem Branzino (Wolfsbarsch) nicht unähnlicher, stromlinienförmiger Fisch, der am liebsten im Brackwasser zwischen den Flussmündungen und dem offenen Meer lebt. Meeräschenrogen – Bottarga – wird eingesalzen, gepresst und in der Sonne getrocknet. Nach dem Trocknen wickelt man ihn in einen Darm und überzieht ihn mit Wachs oder wickelt ihn in Leinen. Übrigens: Besonders gut harmoniert Bottarga, der übrigens immer häufiger auch aus Thunfischrogen hergestellt wird, mit Spaghetti und Obers.

2 kg Miesmuscheln
6–8 Knoblauchzehen
2 EL Weißbrotbrösel
250 ml Malvasia
4 EL Olivenöl
2–3 EL Petersilie, grob geschnitten
Meersalz und schwarzer Pfeffer aus der Mühle

MUSCHEL-BUZARA

Das dalmatinische Originalrezept kommt völlig ohne Paradeiser aus und ist nach der als „Buzara" bezeichneten, meist gusseisernen Pfanne benannt, mit welcher die Fischer ihre Mahlzeiten auch über einem Gaskocher am Boot zubereiten können.

Miesmuscheln waschen, bürsten und sortieren (offene oder aufgebrochene Muscheln wegwerfen). In einer Buzara (schwere Pfanne, in Italien auch Padella genannt) das Öl erhitzen, Knoblauchzehen anrösten, Miesmuscheln hinzufügen und kurz anbraten. Mit Weißwein ablöschen. Kasserolle zudecken und Muscheln so lange dünsten, bis sich die Schalen geöffnet haben. Mit Bröseln bestreuen und gut durchrühren. Salzen, pfeffern und mit Petersilie bestreut servieren.

Wein

Zlatan Otok

800 g Artischocken
250 g Erbsen
3–4 Knoblauchzehen
125 ml Öl
6 Sardellen
Rinds- oder Gemüsesuppe zum Aufgießen
60 g Semmelbrösel
Petersilie, Dille und Majoran
Salz und Pfeffer

ARTISCHOCKEN MIT ERBSEN/ Dalmatien

Nur die ganz harten Blätter der Artischocken entfernen, ansonsten nichts abschneiden. Artischocken eine halbe Stunde wässern, um die Bitterstoffe zu entziehen. Knoblauchzehen zerdrücken und mit fein gehackter Petersilie, Dille, Majoran, Bröseln sowie Salz und Pfeffer zu einer Paste verrühren, die zwischen die Artischockenblätter gefüllt wird. Eine schwere Kasserolle mit reichlich Öl ausstreichen, die Artischocken aufrecht hineinstellen und die Zwischenräume mit kurz vorpochierten Erbsen füllen. So viel Suppe angießen, dass die Artischokken völlig bedeckt sind. Artischocken eine Stunde lang bei kleiner Hitze kochen, die Sauce mit Semmelbröseln binden. Artischocken in tiefen Tellern servieren und mit Erbsensauce übergießen.

Wein

Zlatan Otok aus Hvar

Tipp

Dieses Rezept lässt sich auch mit Kichererbsen sehr gut zubereiten.

4 Stauden Radicchio di Treviso
1 EL Butter
100 g Pancetta (durchzogener Speck)
1 KL Staubzucker
Meersalz und Pfeffer aus der Mühle
1 EL alter Balsamico
2 EL Olivenöl „Extra Vergine“
2 EL Pignoli (Pinienkerne)

GEBRATENER TREVISIANER RADICCHIO MIT PIGNOLI UND SPECK/Veneto

Die Stauden vom Trevisianer Radicchio jeweils der Länge nach vierteln, wobei die Strünke nicht entfernt werden dürfen, da die Blätter sonst nicht aneinander haften bleiben. Pancetta kleinwürfelig schneiden und in wenig Butter goldbraun braten. Radicchio mit etwas Staubzucker bestreuen und im Speckfett von beiden Seiten her leicht ankaramellisieren. Radicchio aus der Pfanne nehmen und mit Meersalz sowie geschrotetem Pfeffer bestreuen. Den Bratensatz mit altem Balsamico ablöschen und etwas Olivenöl einrühren. Den Radicchio mit dieser Marinade beträufeln und mit in einer Teflonpfanne trocken gerösteten Pinienkernen bestreut servieren.

Wein

Prosecco di Valdobbiadene

Der beste Radicchio stammt aus Treviso

Wenn der Winter kommt, dann hat auch der mit Warmwasserschläuchen aufgezogene Radicchio di Treviso Saison, jene ovale, langstielige, milde und aromatische Spezialität aus dem Veneto, deren Geschmack vor allem in den (gut geschälten) Wurzeln sitzt. Der Trevisianer Radicchio ist zarter und kostspieliger als der normale Radicchio und kann sowohl gegrillt als auch gebacken und gedünstet werden.

4 Stauden langstieliger
Radicchio di Treviso
Salz und Pfeffer aus der Mühle
4 EL natives Olivenöl
200 g klein gewürfelten Pancetta
(Schinkenspeck)
100 g klein gehackte
Sardellenfilets
4 cl Martini bianco
6 cl Rindsuppe
Grana oder alter Montasio
nach Belieben

TREVISIANER RADICCHIO MIT SPECK UND SARDELLEN/Veneto

Den Radicchio waschen, an den Wurzeln und am Stielansatz gründlich schälen und trocken tupfen. Die Radicchio-Köpfe in eine befettete Steingutform legen, salzen, pfeffern, mit Olivenöl beträufeln und – je nach Größe – etwa fünf bis sieben Minuten unter den vorgeheizten Grill stellen. (Noch bessere Ergebnisse erzielt man, wenn man den Radicchio direkt auf dem Holzkohlenrost gart, bis er innen kernweich ist.) In einer Kasserolle das restliche Olivenöl erhitzen, darin den würfelig geschnittenen Schinkenspeck Farbe nehmen lassen, die Sardellenfilets hinzufügen, mit Martini bianco und Rindsuppe aufgießen, Flüssigkeit auf die Hälfte einreduzieren und vor dem Servieren über den Radicchio verteilen und mit Grana- oder Montasiosplittern dekorieren.

Wein

Soave

250 g gemischtes Faschiertes
100 g Meerkrabben (Shrimps),
ausgelöst
200 g Mangoldblätter
100 g Zwiebel
3 Knoblauchzehen
2 EL Petersilie, fein geschnitten
100 ml Weißwein
200 ml Fleisch- oder Gemüsesud
1 Ei
Meersalz und Pfeffer
aus der Mühle
Tomatenconcassé
(geschmolzene Paradeiser)
für die Garnitur

FLEISCHBÄLLCHEN MIT MEERKRABBEN IM MANGOLDMANTEL/Istrien

Zwiebel und Knoblauch fein hacken und in Olivenöl anschwitzen. In einer großen Schüssel die Zwiebel-Knoblauchmischung mit dem Faschierten, den fein gehackten Shrimps sowie Ei, Salz und Pfeffer vermischen. Mangoldblätter blanchieren und je eines davon mit der Fleisch-Shrimpsmasse füllen. Mangoldblättchen gut abdrehen (eventuell mit einem Zahnstocher abstecken) und in einem Sud aus Weißwein und Brühe langsam gar ziehen lassen. Auf geschmolzenen Paradeisern anrichten und mit etwas kalt gepresstem Olivenöl beträufeln.

Wein

Malvazija

250 g Faschiertes vom Rind
150 g Kalmare oder Kalamaretti (Tintenfisch)
40 g Reis, vorgekocht
2 EL Petersilie, fein geschnitten
1 Ei
2 EL Olivenöl
1 kleine Zwiebel
500 ml Malvasia oder ein anderer trockener Weißwein
20 g Mehl
20 g Fett
1 Msp. Paprikapulver
1 TL Paradeismark
1 Becher Sauerrahm
8 Sarmablätter (Kohl)
500 ml salzarme Gemüsesuppe
1 Schuss Zitronensaft
Salz und Pfeffer aus der Mühle
1 Bund frische Dille

KOHLROULADEN MIT KALMAREN/ Dalmatien

Kalmare in Salzwasser kernweich kochen und so klein schneiden, dass sie nicht viel größer als Reiskörner sind. Zwiebel klein schneiden und in Olivenöl anschwitzen. Faschiertes hinzufügen und 5–8 Minuten auf mittlerer Flamme garen. Faschiertes in einer geeigneten Schüssel mit Kalmaren, Reis, Petersilie, Salz, Pfeffer und Ei gut vermengen. Fülle auf die Kohlblätter streichen und Rouladen formen. Rouladen zugedeckt in mit Weißwein vermischter Gemüsebrühe ziehen lassen, bis die Kohlblätter weich sind, aber noch einen kernigen Biss haben. Die Rouladen warm stellen und den Sud auf ein Drittel einkochen. In einer Kasserolle eine Einbrenn aus Fett, Mehl, Paradeismark und Paprikapulver zubereiten. Reduzierte Brühe angießen, Sauerrahm hinzufügen und zehn Minuten leise dahinköcheln lassen, bis die Sauce eine gute Bindung bekommt. Kohlrouladen einlegen und diese noch einige Minuten im Saft mitziehen lassen. Rouladen auf vorgewärmte Teller legen. Saft mit Salz, Pfeffer und einem Schuss Zitronensaft abschmecken, durch ein Spitzsieb über die Rouladen passieren und mit fein gehackter Dille bestreuen.

Wein

Posip Cara

Confezionato da

8 kleine, junge Kohlrabi
Salz und Pfeffer aus der Mühle
100 g Lammfaschiertes
150 g Rindsfaschiertes
1 Ei
1 EL Semmelbrösel
1 dicke Scheibe durchzogener Speck
250 ml Rinds- oder Gemüsesuppe
1 KL Mehl
100 ml Sauerrahm
1 Schuss Zitronensaft
2 EL Petersilie, fein geschnitten

GESCHMORTER JUNGKOHLRABI MIT LAMMFLEISCHFÜLLE/Slowenien

Den möglichst jungen Kohlrabi schälen, waschen, in Salzwasser ca. 10 Minuten kernig kochen, abseihen und gut überkühlen. Faschiertes mit Eiern, Salz, Pfeffer und Bröseln vermischen. Vom Kohlrabi einen etwa daumendicken Deckel abschneiden, den Rest vorsichtig aushöhlen und mit der Fleischmischung füllen. Deckel aufsetzen, mit Zahnstocher fixieren. Inzwischen die Speckscheibe in Würfel schneiden und in einer Kasserolle anbraten, die gefüllten Kohlrabi daraufsetzen, leicht anbraten, heiße Suppe angießen und zugedeckt auf kleiner Flamme ca. 20 Minuten lang gar schmoren. Kohlrabi herausheben und warm stellen. Den Schmorsaft mit wenig Mehl und Sauerrahm binden, weitere fünf Minuten köcheln lassen, mit einem Schuss Zitronensaft abschmecken und die Kohlrabi damit umgießen. Mit fein gehackter Petersilie bestreut servieren.

Wein

Malvazija

4 mittelgroße Melanzani
2 EL Olivenöl
1 kleine Zwiebel
1 KL Paradeiser-Mark
1 Msp. Paprikapulver
Knoblauch
1 EL Petersilie, fein gehackt
200 g Lammfleisch von der Keule
100 ml kräftiger Rotwein (z. B. Plavac)
100 ml Rindsuppe oder Lammfond
2 Eier
100 g Reibkäse
Salz und Pfeffer aus der Mühle
Olivenöl

ÜBERBACKENE MELANZANI MIT LAMMFÜLLE/ Dalmatien

Melanzani waschen, mehrmals mit einer Gabel anstechen und ca. zwei Stunden in Wasser weichen, damit sich die Bitterstoffe verflüchtigen können. Die Melanzani längs halbieren, mittels eines Tourniermessers (oder Kaffeelöffels) aushöhlen und das verbliebene Fruchtfleisch sehr klein hacken. Lammfleisch mit einem scharfen Messer sehr fein hacken (fast wie Faschiertes). Olivenöl in einer Kasserolle erhitzen, fein gehackte Zwiebel glasig anschwitzen. Lammfleisch hinzufügen und rundum Farbe nehmen lassen. Das Fruchtfleisch, fein gehackten Knoblauch sowie Petersilie hinzufügen und kurz mitdünsten. Mit Rotwein und Suppe oder Fond aufgießen, mit Paradeismark, Paprikapulver, Salz und Pfeffer abschmecken und das Ragout so lange dahinköcheln lassen, bis nahezu alle Flüssigkeit eingedampft ist. Das Ragout abkühlen lassen. Erst dann mit der Hälfte des Reibkäses und den Eiern vermischen, nochmals abschmecken und zu einer geschmeidigen Fülle verrühren.
Damit die Melanzani füllen, diese in eine mit Olivenöl gut ausgestrichene Form setzen und im 180° C vorgeheizten Rohr 25 Minuten überbacken. Melanzani mit der zweiten Hälfte des Reibkäses bestreuen, mit etwas Olivenöl beträufeln und noch einmal ins Rohr schieben, bis der Käse geschmolzen ist. Heiß servieren.

Wein

Babic (leichter bis mittelschwerer Rotwein aus der Gegend rund um Sibenik)

2 Zwiebeln
2–3 Paprika (rot oder grün)
500 g Paradeiser
1 dl Olivenöl
300 g Mais, vorgekocht
Salz, Pfeffer
1/2 TL scharfer Gewürzpaprika
4 Eier
2 TL Chilisauce
75 g geriebener Kačkavalja (würziger Kuhmilch-Schnittkäse)
1/2 Bund Petersilie
4 Schweinenierchen
8 hauchdünne Scheiben durchzogener Speck
2 EL Olivenöl

SCHWEINSNIERCHEN AUF MAISGEMÜSE/ Montenegro

Zwiebel in feine Ringe schneiden. Paprika in Streifen schneiden. Paradeiser erst mit kochendem, dann mit kaltem Wasser übergießen, schälen, Samen entfernen und in Streifen schneiden. Zwiebel und Paprika in Öl anbraten. Gekochte Maiskörner und Paradeiser, Salz, Paprika und Pfeffer gut mit Zwiebeln und Paprika vermischen.
Das so zubereitete Gemüse in eine mit Olivenöl ausgestrichene Gusseisenform umstechen. Eier mit Chilisauce verschlagen, salzen und über das Gemüse gießen. Mit Käse bestreuen und ca. 30 Minuten bei 180° C backen. Inzwischen die gewässerten und von Strängen gereinigten Nierchen halbieren, in Speck wickeln und in Olivenöl braten. Nierchen auf dem überbackenen Gemüse anrichten und mit frischer Petersilie bestreut servieren.

Wein

Vranac

800 g Maismehl (Polenta)
700 ml Milch (von Schaf, Ziege oder Kuh)
etwas lauwarmes Wasser
Salz
2 EL Öl
für die Fülle:
1 kg Weißkraut
500 g Fetakäse
150 g Kajmak
3 Eier

zum Abschließen:
1 l saure Schafsmilch (ersatzweise saure Kuh- oder Buttermilch)

MAIS-KRAUT-KUCHEN MIT KAJMAK, SCHAFKÄSE UND SAURER MILCH/ Albanien

Maismehl in eine geeignete Schüssel schütten, mit kochender Milch und Wasser überbrühen und eine halbe Stunde lang rasten lassen.
In der Zwischenzeit die Fülle vorbereiten: Kraut waschen, abseihen, hobeln, einsalzen und etwa eine Viertelstunde lang rasten lassen. Käse verbröseln und mit Kajmak, Eidotter und Kraut vermengen. Alles gründlich durchmischen. Eiklar zu sehr festem Schnee schlagen und vorsichtig unterheben.
Einen gut befetteten Topf oder eine Springform zunächst mit der Hälfte der Polenta bestreichen. Dann die Fülle sowie anschließend die zweite Hälfte Polenta auftragen und glatt streichen. Den Maiskrautkuchen in den auf 200° C vorgeheizten Ofen schieben und ca. 35–40 Minuten lang backen.
Den gebackenen Kuchen in Portionshappen schneiden und mit saurer Milch begießen. Erst servieren, wenn der Kuchen die saure Milch völlig absorbiert hat. Mit sauren Einlegegemüsen und frischen Paradeisern servieren.

Tipp

Dieser Kuchen mundet auch köstlich, wenn das Kraut durch Spinat oder Mangold ersetzt wird.

2 Eier
500 g griffiges Mehl
200 ml Milch
100 ml Wasser
Salz
300 g Kajmak oder weiche Butter
2 Paprikaschoten
eiskalte Sauermilch

FILIJE/Albanischer Palatschinkenauflauf mit Kajmak

Eier mit Mehl, Milch und Wasser vermengen, salzen und zu einem etwas festeren Palatschinken-Teig verrühren. Eine Pfanne im auf 200° C vorgeheizten Rohr gut anwärmen und dann mit Kajmak oder Butter bestreichen. Dann eine dünne Schicht Teig auftragen und für ein paar Minuten in den Backofen stellen. Pfanne wieder herausnehmen, abermals mit Kajmak bestreichen und wiederum mit etwas Teig begießen sowie erneut einige Minuten ins Rohr stellen. Diesen Vorgang so lange wiederholen, bis der ganze Filije-Teig aufgebraucht ist. Dann die Pfanne aus dem Rohr nehmen, den Auflauf mit einem Geschirrtuch abdecken und etwa fünf Minuten lang abkühlen lassen und in sechs tortenartige Stücke schneiden, die mit gebratenen Paprikaschoten serviert werden. Dazu passt ein Glas eiskalte Sauermilch.

Tipp

Man kann die Filije auch, wie in Albanien üblich, über Holzkohlenglut zubereiten. Dann mundet sie noch urtümlicher.

Kajmak – das Schlagobers der Balkanküche

Kajmak ist nicht nur in der albanischen Küche besonders beliebt, sondern wird in fast allen Balkanstaaten und auch im Orient als besonders köstliches Nebenprodukt der Milcherzeugung hergestellt. Für den klassischen Bauern-Kajmak wird die Milch gleich nach dem Melken an einen warmen Ort (am besten an ein südseitiges Fenster) gestellt, bis durch die Erwärmung ein sahniger Rahm oder Schmand entsteht, der nach und nach abgeschöpft wird. Um zu verhindern, dass die Milch dabei sauer wird, wird sie nach jedem Abschöpfen zart gesalzen. Kajmak kann auch durch gutes Schlagobers oder Crème fraîche ersetzt werden. Auch weiche Butter erzielt einen ähnlichen Effekt.

1 kg Mehl
2 Löffel lauwarme Milch
Salz
50 g Germ
50 g Olivenöl
ca. 600 ml lauwarmes Wasser
500 g Schafkäse (Feta)
4–6 Eier
Öl zum Befetten der Form

PITASCHNITTEN MIT SCHAFKÄSE/Albanien

Germ in eine Schüssel bröseln, lauwarme Milch und einen Löffel Mehl beimengen und das so entstandene Dampfl an einem warmen Ort aufgehen lassen. Mehl in eine Schüssel sieben und in der Mitte eine Grube formen. Salz, Öl, Dampfl und lauwarmes Wasser hinzufügen. Den Teig so lange kneten, bis er glatt wird und sich leicht von der Schüsselwand lösen lässt. Teig zudecken und aufgehen lassen. Eine große Backform einfetten.
Den Teig so in eine größere Bratpfanne drücken, dass er an den Rändern dicker als am Boden ist und ein Wulst über den Schüsselrand ragt, der mit Daumen und Zeigefinger kranzartig abgedrückt wird.
Den Teig zunächst bei ca. 180° C im Rohr leicht anbacken, bis eine zarte Rinde entsteht, die vor dem Weiterarbeiten vorsichtig entfernt werden muss. Den übrigen Teig mit dem heißen Öl übergießen. Eidotter versprudeln und mit abgebröseltem Schafkäse gut durchmischen. Eiklar zu Schnee schlagen und unter die Dotter-Käsemasse ziehen. Die Masse anschließend über den Teig verteilen und knusprig backen. Die Pita anschließend abkühlen lassen und in Schnitten als kleine Vorspeise zu leichtem Weißwein reichen.

Tipp

Besonders gut mundet die Pita, wenn der Teigrand vor dem Backen mit Sesam und Schwarzkümmel bestreut wird.

500 g weißes Weizenmehl
4 EL Olivenöl
ca. 500 ml Wasser
Salz
300–400 g Skuta (Pager Schafsmolkenkäse)
200 g Blattspinat, vorpochiert
4 Eier

PRPEČ/Schnelle Schafkäse-Spinat-Pita von der Insel Pag

Aus Mehl, 1 EL Öl, Wasser und wenig Salz einen glatten Teig kneten. Pfanne mit 1 EL Öl einfetten und den Teig so hineindrücken, dass er über den Rand hinaussteht. Aus dem Teigrand einen Wulst machen und diesen kranzartig abkrendeln. Teig mit dem restlichen Öl bestreichen und im auf 200° C vorgewärmten Rohr kurz anbacken.
Eine Fülle aus abgebröseltem Skuta, fein gehacktem, pochiertem Blattspinat, Dottern und darunter gezogenem Eischnee herstellen. Teig mit Fülle belegen und bei 200 Grad fertig backen. In Scheiben geschnitten ist Prpeč, das auch ohne Spinat zubereitet werden kann, eine köstliche kleine Vorspeise.

Wein

Zlahtina

Skuta – der Molkenkäse von den Pager Inselschafen

Schafkäse von der Insel Pag zählt wegen seines extremen Fettreichtums zu den edelsten Käsen der Adria. Die bei der Käsefertigung übrig gebliebene Molke wird gesotten, bis die Konsistenz des Käses weich und schmelzbar ist, wodurch sich der Skutakäse nicht nur exzellent als Brotaufstrich eignet, sondern auch hervorragend zum Kochen geeignet ist.

1 große Gemüsezwiebel
2 EL Olivenöl
500 g faschiertes Rindfleisch
Salz, Pfeffer
500 g Strudel- oder Blätterteig

für den Joghurtguss:
3 Eier
250 ml Joghurt
80 ml Olivenöl
150 ml Mineralwasser

RINDFLEISCHBUREK MIT JOGHURTGUSS/ Albanien

Zwiebel kleinwürfelig schneiden, in Öl weich dünsten und in der Pfanne auskühlen lassen. Erst nach dem Abkühlen das gesalzene und gepfefferte Faschierte daruntermischen.
Eine geeignete Bratform mit Öl einreiben, mit etwa einem Viertel des Teigs auslegen und diesen abermals mit Öl beträufeln und ein Viertel der Fleisch-Zwiebel-Mischung darauf verteilen. Dann abermals Teig auflegen, mit Öl beträufeln und Fleisch auflegen. Diesen Vorgang wiederholen, bis Fleisch und Teig aufgebraucht sind. Die oberste Schicht muss Teig sein, der abermals mit etwas Öl beträufelt wird. Nunmehr einen Guss aus Eiern, Joghurt, Mineralwasser und dem Olivenöl herstellen, gut versprudeln und über den Burek gießen. Burek eine Viertelstunde rasten lassen. Inzwischen den Herd auf 200° C vorheizen und den Burek ca. 40 Minuten darin backen.

Tipp

Unter das Faschierte kann auch Spinat und/oder Schafkäse gemischt werden.

250 g Kohlblätter,
vom Strunk gelöst
3 Eier
100 g Mehl
4 EL Olivenöl
100 g Lammfaschiertes
150 g Rinderfaschiertes
200 g passierte Paradeiser
100 g frische Paradeiser
100 ml Sauerrahm
2 Dotter
2 El Petersilie, grob geschnitten
Salz und schwarzer Pfeffer
aus der Mühle

MUSAKA MIT KOHL UND PARADEISERN/ Montenegro

Die Kohlblätter einzeln in Salzwasser pochieren und abseihen. Jedes Kohlblatt in Mehl und Ei wälzen und in Olivenöl anbraten. Kohlblätter auf Küchenkrepp abtropfen. Zwiebel fein hacken und in Öl anschwitzen. Gemischtes Faschiertes hinzufügen und gut würzen. Passierte Paradeiser unterrühren und kurz mitdünsten. Eine feuerfeste, befettete Form mit einer Schicht Kohlblätter auslegen und darauf eine Schicht Fleisch auftragen. Abwechselnd weiter so verfahren, bis alles Fleisch aufgebraucht ist. Die abschließende Schicht Kohlblätter mit einer Schicht blättrig geschnittener Paradeiser belegen. Darüber ein Gemisch aus mit Dottern versprudeltem Sauerrahm und Petersilie gießen. Salzen, pfeffern und im auf 200° C vorgeheizten Rohr goldgelb überbacken.

Wein

Vranac

250 g Mehl (Typ 480)
1 EL Karst-Olivenöl
(Extra Vergine)
1 Eiklar
125 ml lauwarmes Wasser
1 Prise Salz
1 Spritzer Weinessig
Öl zum Bestreichen

für die Fülle:
500 g pochierter
und ausgedrückter Blattspinat
Salz, Pfeffer
2–3 Eier
2 EL Semmelbrösel
10 g Butter
frisch geriebene Muskatnuss
125 ml Bratensaft

SPINATSTRUKLJI/ Gekochter Spinatstrudel aus Slowenien (Foto)

Aus Mehl, Öl, Eiklar und Wasser einen klassischen Strudelteig zubereiten und gut durchkneten. Den Teig rundum mit einem hauchdünnen Ölfilm überziehen und eine Stunde rasten lassen. Danach vorsichtig ausziehen und mit der Fülle aus Spinat, Salz, Pfeffer, Eiern, Semmelbröseln, Butter und Muskatnuss belegen. Teig straff einrollen und an den Enden verschließen. Den Strudel in nasse Tücher wickeln und 20 Minuten auf einer und 20 Minuten auf der anderen Seite kochen. Danach portionsweise aufschneiden und mit etwas Bratensaft begossen heiß servieren.

Wein

Sipon (Furmint)

1 kg Erdäpfel
2 Zwiebeln
200 g Rispenparadeiser
1 Bund Petersilie
1 Zweiglein Rosmarin
4 Lorbeerblätter
8 Sardellenfilets
12 schwarze Oliven
4 EL Pangrattato (Paniermehl)
4 Pecorino-Käse, gerieben
Meersalz und schwarzer Pfeffer
aus der Mühle
1 dl trockener Weißwein
125 ml Olivenöl

PECURIEDDU SCAPPATU/ Erdäpfelauflauf aus Apulien

Geschälte und al dente gekochte Erdäpfel in Scheiben schneiden und salzen. Zwiebeln in hauchdünne Ringe schneiden, Rispenparadeiser in Scheiben schneiden und alles mit entkernten und halbierten Oliven, grob gehackter Petersilie, Lorbeerblättern und Sardellenfilets abwechselnd in eine Auflaufform schichten. Mit Paniermehl und geriebenem Pecorino bestreuen, mit Olivenöl beträufeln, salzen, pfeffern und mit Weißwein begießen. Im auf 180–200° C vorgeheizten Ofen backen, bis die Kruste knusprig ist. Mit einem scharfen Messer in Würfel schneiden und als heißen Appetithappen servieren.

Wein

Castel del Monte Bianco

2 Tauben
1 Stangensellerie
4 EL Olivenöl
2–3 EL Butter
125 ml trockener Weißwein (z. B. Pinot Grigio)
200 ml Gemüse- oder Hühnersuppe
Salz und Pfeffer aus der Mühle
4 EL Parmesan
6–8 Scheiben getoastetes Kastenbrot
etliche Butterflocken

SOPA COADA/Klassischer Taubenauflauf aus dem Venedig der Renaissance

Tauben vierteln, mit klein geschnittenem Stangensellerie in 2 EL heißem Öl und 1 EL geschmolzener Butter vorsichtig anbraten, mit Weißwein aufgießen und die Tauben bei sehr kleiner Hitze zugedeckt 50 Minuten lang dünsten. Nach und nach etwas Gemüse- oder Hühnerbrühe nachgießen, Sauce mit Salz und Pfeffer abschmecken. Taubenbrüste aus der Pfanne heben, Taubenfleisch von den Karkassen lösen, sehr fein hacken, abschmecken und mit geriebenem Parmesan vermischen. Eine gut befettete Backform mit etwa dem Drittel des gerösteten Kastenbrots auslegen. Die Hälfte des Taubenfleisches darauflegen, mit einem Drittel der Sauce beträufeln, das zweite Drittel Brot und die zweite Hälfte des Taubenfleischs darauflegen und abermals mit einem Drittel der Sauce beträufeln. Den Auflauf mit dem letzten Drittel des Röstbrots abdecken und darauf einige Butterflocken setzen. Das letzte Saucendrittel aufbewahren. Die Sopa Coada in den auf 90° C vorgeheizten Herd stellen und ca. drei Stunden lang unter gelegentlichem Beträufeln mit der restlichen Sauce dahinsimmern lassen. Am Schluss wie bei einem Tiramisu kleine Portionen aus der Form stechen und mit frischen Blattsalaten servieren.

Wein

Recioto Amarone

250 g Mehl
500 g Mangold
80 g getrocknete Feigen
80 g Rosinen
150 g Topfen
100 ml Olivenöl
1–2 EL Zucker
Salz und Pfeffer aus der Mühle

SÜSS-SAURER FEIGENKUCHEN MIT TOPFEN, ROSINEN UND MANGOLD/Montenegro

Mangold in kochendem Wasser pochieren, abtropfen und feinnudelig schneiden. Feigen klein schneiden, ca. 15 Minuten lang wässern und mit Rosinen, Topfen, Salz, Pfeffer, Zucker und dem geschnittenen Mangold zu einer Fülle verarbeiten, die nicht zu trocken sein darf (notfalls noch etwas Kochsud vom Mangold nachgießen).
Aus gesiebtem Mehl, Salz und Eiern einen Teig kneten, diesen in zwei Teile teilen und beide Teile bis zur Größe der Backform auswalken. Backform gut mit Öl einfetten und einen Teil des Teiges auf den Boden der Form drücken. Fülle auftragen und diese reichlich mit Öl beträufeln, bevor man sie mit dem zweiten Teil des Teiges abdeckt. Teigdeckel mit geschlagenem Ei überpinseln und ca. 40 Minuten backen. Den fertigen Kuchen in Stücke schneiden und diese als warme Appetithappen servieren.

Wein

Krstac

1/2 Lammkeule, ausgelöst
1 große weiße Zwiebel
3 EL Olivenöl
1 dl trockener Weißwein
1 Knolle Fenchel
100 g Pecorinokäse, fein gerieben
3–4 Eier
1 Kugel Mozzarella
2–3 Salsicce (Würstchen)
Meersalz und Peperoncini nach Belieben
Basilikum zum Dekorieren

TORTIERA DI AGNELLO/Heiße Lammtorte aus den Abruzzen

Fenchelknolle zuputzen, in Salzwasser kochen und in mundgerechte Stücke schneiden. Das ausgelöste Lammfleisch sehr kleinwürfelig schneiden und mit der fein gehackten Zwiebel in Olivenöl anbraten. Mit einem Glas Weißwein ablöschen, den Fenchel hinzufügen und alles ca. 5 Minuten lang dünsten. Das Lammragout in eine Tortenspringform umstechen und mit Pecorino, Mozzarellawürfeln und Salsiccescheiben belegen. Mit verquirlten Eiern übergießen, mit wenig Olivenöl beträufeln, mit Salz und Peperoncini bestreuen und 15 Minuten lang im auf 200° C vorgeheizten Ofen backen. Mit einem Kochlöffel alles noch einmal gründlich umstechen und weitere 10 Minuten backen. Mit frischem Basilikum garniert heiß servieren.

Wein

Trebbiano d'Abruzzo

von brodet bis jota

Sonnige Suppen und duftende Töpfe

*»Die Sonne, das Leuchten, das Wasser, das Brot
lohnen die Kämpfe und Wunden
und jeder Kurs jedes Boots
führt in das Wunder.«*

Biagio Marin

1 kg vollreife Paradeiser (gewaschen und geviertelt)
2 EL Olivenöl
1 Knoblauchzehe, geschält
etwas Basilikum
Salz und Pfeffer
frische Minze

KALTE WEISSE PARADEISERSUPPE/Apulien

Paradeiser waschen und vierteln. Danach durch eine „Flotte Lotte" drehen oder im Mixer fein pürieren. Die Paradeiser in ein sehr feines Haarsieb oder in ein aufgehängtes Küchentuch legen, das Paradeispüree hineingeben und langsam in eine darunter aufgestellte Schüssel tropfen lassen. Achtung: Dieser Vorgang dauert rund drei Stunden und kann nicht abgekürzt werden. Die Suppe salzen und pfeffern sowie, mit ein paar Blättern frischer Minze dekoriert, eiskalt servieren.

Tipp

Wenn man die durchgeseihte Paradeisersuppe mit 300 ml Obers und einer Prise Chilipfeffer aufkocht und ein paar Scampi darin kurz durchziehen lässt, so lässt sich das Resultat ebenfalls gut schmekken, verliert aber den typischen Paradeisergeschmack.

Wein

Apulischer Locorotondo Spumante

1 kg gemischte Meerkrebse
500 g festkochende Erdäpfel
125 ml Olivenöl
Meersalz und schwarzer Pfeffer aus der Mühle
1 Bund Petersilie
1 dl trockener Weißwein

BRODET VON ERDÄPFELN UND MEERKREBSEN/ Dalmatien

Meerkrebse in Salzwasser kochen und aus den Schalen pulen. Große Meerkrebse in kleinere Stücke schneiden. Erdäpfel schälen, in dünne Scheiben schneiden, in Salzwasser ca. 5 Minuten lang vorkochen und in einer mit Olivenöl gut ausgestrichenen Kasserolle verteilen. Das Krebsfleisch darüber verteilen, alles gut salzen und pfeffern, mit Petersilie bestreuen und mit Öl, Wein und bei Bedarf auch noch etwas Erdäpfel-Kochwasser übergießen. Auf kleiner Flamme ca. 10 Minuten lang nicht zugedeckt köcheln lassen.

500 g Kvarner Skampi
2 EL Olivenöl
50 g Zwiebel, klein geschnitten
1 Knoblauchzehe, durchgepresst
100 g Wurzelwerk, stiftelig geschnitten
2 EL Petersilie, fein geschnitten
1 dl Weißwein
100 g Reis
Salz, Pfeffer
1 Schuss natives Olivenöl

SKAMPISUPPE/ Kvarner

Skampi schälen und entdärmen. Karkassen in 1 l Salzwasser 20 Minuten lang kochen. Klein gehackte Zwiebel in Öl anbraten, Wurzelwerk, Wurzelgrün und Knoblauch hinzufügen und rundum gut anrösten. Karkassenfond angießen. Reis hinzufügen und zugedeckt weiter dünsten. Wenn der Reis fast gar ist, Skampischwänze hinzufügen und ca. 2 Minuten lang mitkochen. Skampisuppe mit Wein, Pfeffer und Salz würzen, mit klein gehackter Petersilie und einem guten Schuss Olivenöl bestreuen und heiß servieren.

800 g Filets von Meeresfischen (z. B. Schwertfisch, Angler, Meerbarbe, Meeräsche etc.)
4 große Skampi
1 größerer Bund Wurzelgemüse
4–6 Pfefferkörner
1 dl Weißwein
2 EL Petersilienblätter
1 große Zwiebel, in Ringe geschnitten
4 Knoblauchzehen
3–4 EL Olivenöl
1 Spritzer Zitronensaft
100 g gekochter Langkornreis
Salz

FISCHSUPPE MIT REIS/ Dalmatien

Fischfilets in mundgerechte Würfel teilen. Wurzelwerk putzen, in Würfel schneiden, Petersilie und Knoblauch hacken. Mit 2 Liter Wasser, Zitronensaft, Weißwein, Meersalz und Pfefferkörnern etwa 20 Minuten kochen lassen. Hitze reduzieren, Fischfilets und Skampi einlegen und wenige Minuten im Sud eher ziehen als kochen lassen. Inzwischen in einem Suppentopf Zwiebelringe im Olivenöl glasig anschwitzen, gehackten Knoblauch und Petersilienblätter hinzufügen und kurz mitziehen lassen. Fische und Skampi aus dem Sud nehmen, warm stellen und den Sud durch ein Haarsieb über die Petersilzwiebel seihen. Suppe mit Salz, Pfeffer und einem Schuss Zitronensaft abschmecken. Gekochten Reis, Fischstücke und Skampi auf vorgewärmte, tiefe Teller verteilen und mit der kochenden Suppe übergießen.

500 g Maroni
100 g Fenchel
1 dl Obers oder Crème fraîche
1 l Hühnersuppe
80 g Butter
Salz und Pfeffer nach Belieben

MARONISUPPE MIT FENCHEL/ Kvarner (Foto)

Maroni schälen und kochen. Einige ganze Maroni fein hacken und aufbewahren. Den Rest durch ein feines Sieb oder mit dem Mixer pürieren. Hühnersuppe zum Kochen bringen und darin den Fenchel blanchieren. Fenchel herausheben und warm stellen. Nach und nach das Maronipüree in die Suppe einrühren und Butterflocken darin zum Schmelzen bringen. Eine Stunde lang auf kleiner Flamme köcheln lassen und gelegentlich umrühren, damit sich nichts am Topfboden anlegt, eventuell etwas Suppe nachgießen. Inzwischen Fenchel grob hacken und mit der Suppe vermischen. Das Obers leicht salzen und pfeffern und mit Fenchel und Maronisplittern vermischen. Suppe auf vorgewärmten Tellern anrichten und mit der Obers-Fenchelmischung garnieren. Dazu Roggenbrotwürfel servieren.

200 g Kichererbsen
200 g Capunti (schiffchenartige apulische Pasta aus Hartweizengrieß, ersatzweise Strozzapreti)
1 Stangensellerie
1 Zwiebel
2–3 Knoblauchzehen
4 EL Olivenöl
Meersalz aus der Mühle

CICERI E CAPUNTI/ Kichererbsensuppe mit Nudeln aus Apulien

Kichererbsen über Nacht in kaltem Wasser einweichen. Danach das Wasser wechseln, kalt aufstellen, gut salzen und darauf achten, dass alle Kichererbsen von Wasser bedeckt sind. In Scheiben geschnittenen Sellerie, geviertelte Zwiebel und halbierte Knoblauchzehen dazugeben und bei geringer Hitze 3 bis 4 Stunden lang halb zugedeckt köcheln lassen. Sobald die Kichererbsen weich sind, die Capunti (oder ähnliche Nudeln) hinzufügen und al dente kochen. Die Suppe auf Teller verteilen und auf jeden Teller einen Esslöffel natives Olivenöl gießen. Eventuell noch mit Salz und Pfeffer aus der Mühle nachwürzen und vor dem Genuss noch einmal gut durchrühren.

Wein

Apulischer Locorotondo Bianco

150 g getrocknete weiße Bohnen
1 kleine gesurte Schweinsstelze
2–3 Lorbeerblätter
400 g Sauerkraut
5 EL Olivenöl
1–2 EL Mehl
1 KL Paprika
1 kleine Zwiebel
2 Knoblauchzehen
6 Pfefferkörner
50 g Schinkenspeck
2 EL Petersilie, grob gehackt
Meersalz und Pfeffer
aus der Mühle

JOTA MIT BEINSCHINKEN/
Deftiger Suppentopf aus Dalmatien

Weiße Bohnen über Nacht einweichen. In frischem Wasser aufkochen lassen. Bohnen abseihen, in kaltem Wasser erneut aufstellen und weiterkochen, bis sie weich sind. Gleichzeitig die Surstelze mit Wasser bedecken und mit Lorbeerblättern weich kochen. Fleisch vom Knochen lösen und würfelig schneiden. Kochwasser aufheben.
In einem großen Suppentopf aus etwas ausgelassenem Schinkenfett, Mehl, gehackten Zwiebeln und Knoblauch sowie Paprikapulver eine Einbrenn zubereiten und diese mit dem Kochwasser des Beinschinkens aufgießen. Sauerkraut daruntermischen, den Schinkenknochen dazugeben und alles auf kleiner Hitze ca. eine Stunde unter gelegentlichem Rühren zugedeckt weiter köcheln lassen. Erst am Schluss die Bohnen und das Schweinefleisch hinzufügen und noch ca. fünf Minuten weiter köcheln. Das Schinkenbein aus der Suppe heben, diese mit Meersalz und Pfeffer abschmecken und mit Petersilie bestreut servieren.

Wein

Modro Jezero (rustikaler Rotwein)

1 kg Kalbskutteln
4 EL Olivenöl
100 g gut durchzogener Speck
3 Knoblauchzehen
1 kleine Zwiebel
2 EL Petersilie, grob geschnitten
125 ml trockener Weißwein
200 g passierte Paradeiser
1 l Rinds- oder
Kalbsknochensuppe
Meersalz und Pfeffer aus der
Mühle
100 g Pager Schafkäse,
frisch gerieben

KUTTELSUPPE MIT SCHAFKÄSE/Insel Pag

Kalbskutteln in dünne Streifen schneiden und unter mehrmaligem Wasserwechsel 2–4 Stunden lang weich kochen, bis sich der stechende Kuttelgeschmack völlig verflüchtigt hat. Kutteln abseihen und warm stellen. Würfelig geschnittenen Speck in Olivenöl anbraten. Fein geschnittene Zwiebel und Knoblauch sowie grob geschnittene Petersilie kurz mitrösten. Weißwein angießen und diesen einkochen, bis die Flüssigkeit fast völlig verdampft ist. Passierte Paradeiser unterrühren. Kutteln hinzugeben, kurz mitdünsten und dann mit Suppe aufgießen. Suppe aufkochen lassen. Mit Meersalz und Pfeffer abschmecken. Geriebenen Pager Schafkäse unterrühren und die Suppe mit frisch geschnittener Petersilie heiß servieren. Dazu noch etwas geriebenen Käse und Olivenöl extra reichen.

1 Lammleber und 1 Lammlunge
1,5 l Wasser
1 Bund Suppengemüse
1 Lorbeerblatt
1 Zwiebel
2 Knoblauchzehen
6 Pfefferkörner
2 Eier
2 EL Olivenöl
20 g Mehl
2 Eidotter
Saft einer halben Zitrone
100 ml Kajmak (s. S. 52)
oder dickes Obers
Meersalz und Pfeffer
aus der Mühle

CREMESUPPE VON LAMMINNEREIEN/ Albanien

Gewaschene Innereien in Salzwasser aufstellen. Nach dem Aufkochen Suppengemüse, Lorbeerblatt, Pfefferkörner sowie eine halbierte und zuvor an den Schnittflächen gemeinsam mit den Knoblauchzehen in einer Eisenpfanne fast schwarz gebräunte Zwiebel hinzufügen und gar kochen. Innereien im Sud auskühlen lassen und danach zu einem Brei mixen. Inzwischen Eier hart kochen, grob hacken und gemeinsam mit dem Innereienbrei noch einmal aufmixen. Aus Öl und Mehl eine hellgelbe Einbrenn zubereiten und den Kochsud durch ein Haarsieb darüber seihen. Die Innereien hinzufügen und noch ca. zehn Minuten lang weiter kochen. Eidotter mit Kajmak und Zitronensaft gut vermischen und nach und nach in die Suppe einrühren, die mit gerösteten Brotwürfeln serviert wird.

1 Huhn oder Suppenhuhn
1 Karotte
1 Stangensellerie
1 kleine Zwiebel
1 gelbe Paprikaschote, halbiert und entkernt
1 kleine Kartoffel
Meersalz aus der Mühle

für die Pearàsauce:
250 g Rindermark, gekocht und fein gehackt
1 EL Butter
3 EL Pangrattato (entrindete Semmelbrösel)
1 EL Parmesan, fein gerieben
Salz und reichlich schwarzer Pfeffer aus der Mühle

SUPPENHUHN MIT »LA PEARÀ«/Veneto

Huhn gründlich säubern. Reichlich Wasser mit allen Gemüsen in einem großen Topf zum Kochen bringen. Das Huhn einlegen und bei geschlossenem Deckel auf kleiner Flamme je nach Größe und Alter ein bis mehrere Stunden lang ziehen lassen, bis es sich beim Anstechen mit einer Gabel sehr weich anfühlt. Den Topf vom Herd nehmen und das Huhn zugedeckt in der Suppe stehen lassen, wodurch es bis zum Servieren ausreichend warm bleibt.
Inzwischen die Pearà zubereiten, indem man die Butter und das gehackte Rindermark in einer nicht zu großen Kasserolle unter ständigem Umrühren mit dem Kochlöffel zum Schmelzen bringt. Sobald daraus eine sämige Masse geworden ist, Brösel hinzufügen und im Buttermark etwa zwei Minuten lang (abermals unter ständigem Rühren) anschwitzen. Einen kleinen Schöpflöffel von der Hühnersuppe entnehmen und unter die Bröselmasse rühren, bis die Flüssigkeit verdampft ist und die Brösel aufquellen. Mit Salz abschmecken und mit reichlich geschrotetem Pfeffer und Parmesan würzen. Dann nach und nach bei kleinster Hitze löffelweise die restliche Hühnerbrühe hinzufügen und so lange köcheln lassen, bis die Sauce schön sämig, aber nicht zu dick ist und keine Klümpchen mehr bildet. Die Sauce noch einmal abschmecken, das Huhn tranchieren und in tiefen Tellern anrichten. Mit der Pearà übergießen und sofort servieren.

Die Sauce aus dem Totenschädel

Die „La Pearà" genannte Sauce ist ein Klassiker aus der veronesischen Küche und geht auf eine schaurige Begebenheit zurück. Der Name stammt von „Peperata di Rosamunda" und erinnert an jene unglückliche Langobardenkönigin aus dem sechsten Jahrhundert, die ihren bösen Gemahl Alboin der Legende nach mit einer vergifteten Pfeffersauce ermordete, weil er sie gezwungen hatte, Wein aus dem Totenschädel ihres Vaters zu trinken, den Alboin, um Rosamunde heiraten zu können und selbst König zu werden, ermordet hatte.

RISO THAI CON TARTUFO
AL RADICCHIO TREVIGIANO €1.03 l'etto
RISO THAILANDESE CON RADICCHIO TREVIGIANO €1.03 l'etto
RISOTTO AL FRANTOIO CON OLIVE
RISOTTO CON ASPARIGI €1.00 l'etto
COUSCOUS PICCANTE €0.77/etto
RISOTTO CON ORTICHE SPECIALE €0,52 l'etto
RISOTTO CAMPAGNOLO CON 12 VERDURINE
BASMATI INDIANO AL CURRY ERBETTE FRAGANTE SAPORITO €0.77/etto

pasta und reis

Wenn rund ums Meer Getreide wogt

»Wenn man sieht, wo die Olivenbäume wachsen, fragt man sich, woher sie aus diesem trockenen Boden ihren Saft ziehen, der so dickflüssig und fett ist: Kommt er wirklich nur aus der Erde allein? Ist nicht doch auch das Meer an seiner Schöpfung beteiligt?«

Predrag Matvejevic

300 g Spaghetti
600 g Miesmuscheln, gewaschen und gebürstet
500 g Venusmuscheln, gewaschen und entsandet
4 Garnelen, unten eingeschnitten und entdärmt
4 Jakobsmuscheln, ausgelöst
140 g Pelati (geschälte Paradeiser), gewürfelt
1 Bund Petersilie, fein geschnitten
4 EL Olivenöl
1 Zwiebel, fein geschnitten
3–4 Knoblauchzehen, fein geschnitten
200 ml trockener Weißwein
1/2 KL Peperoncini oder 1 Prise Cayennepfeffer
Salz

SPAGHETTI ALLA SCOGLIERA/Pasta asciutta „nach Wellenbrecherart" aus den Marken

Spaghetti in Salzwasser al dente kochen. Inzwischen Öl in einem möglichst geräumigen Topf erhitzen. Zwiebel und Knoblauch andünsten, Paradeiserwürfel und Peperoncini hinzufügen, mit Wein ablöschen und diesen kurz eindampfen lassen, dann zuerst die Miesmuscheln, dann die Venusmuscheln, zuletzt die Garnelen und Jakobsmuscheln hinzufügen, Deckel aufsetzen und 3 Minuten weiter dünsten. Mit Salz abschmecken und mit Petersilie vermischen. Die Spaghetti daruntermengen, alles gut durchmischen und im Topf oder auf einer großen, vorgewärmten Platte servieren.

Wein

Roncaglia Bianco

Tipp

Sehr gut schmeckt dieses Gericht auch, wenn man es nur aus unterschiedlichen Muschelsorten (z. B. Mies-, Messer- und Venusmuscheln), Meeresträffeln und Meerschnecken zubereitet.

400 g Spaghetti
100 ml Olivenöl
1 EL Knoblauchöl
1 EL Peperonciniöl
1 Bund Petersilie, fein gehackt
1 Prise grobes Meersalz
3 EL Parmesan aus der Mühle

SPAGHETTI CON AGLIO E OLIO/Molise

Spaghetti in Salzwasser al dente kochen. In einer großen Pfanne Olivenöl, Knoblauchöl und Peperonciniöl bis knapp an den Siedepunkt erwärmen. Das Öl darf keinesfalls rauchen. Spaghetti abseihen, die Pfanne vom Feuer nehmen und die Nudeln gründlich durch das Öl ziehen. Mit Petersilie und etwas grobem Meersalz bestreuen sowie frischen Parmesan darüber mahlen.

Wein

Biferno Bianco

500 g Rigatoni
2 EL Olivenöl
300 g gemischte Nüsse, Mandeln, Pistazien, Pignoli etc.
2 Knoblauchzehen
2 EL Petersilie, grob gehackt
3 EL Butter
3 EL Parmesan
Balsamicoblätter fürs Dekor

RIGATONI ALLA NOCCIOLA/ Emilia Romagna

Rigatoni in Salzwasser al dente kochen. Nüsse mit Olivenöl, Knoblauch und Petersilie aufmixen. Das Nusspüree in eine Pfanne umstechen und so viel Nudelkochwasser zugießen, dass die Masse schön sämig wird. Nudeln abseihen, die Nusssauce in der Pfanne mit Butter verschmelzen lassen, mit Meersalz aus der Mühle abschmecken und über die Nudeln gießen. Mit Balsamicoblättern servieren.

Wein

Lambrusco

1 Lauf und 1 Keule vom Wildhasen
5 Wacholderbeeren
1 Zweig Rosmarin
1 Zweig Thymian
2 Gewürznelken
1 Lorbeerblatt
2 EL Olivenöl
1 Zwiebel
1 Karotte
20 g Sellerie
1 Knoblauchzehe
je ein Zweiglein Rosmarin und Thymian
1/2 Flasche Rotwein
250 ml Wildfond oder Rindsuppe
125 ml Panna (Obers)
Salz und Pfeffer
50 g Parmesan

PAPPARDELLE AL LEPRE/Pasta mit Hasensugo aus den Abruzzen

Hasenfleisch über Nacht in einer Marinade aus Rotwein, Lorbeer, Wacholderbeeren, Gewürznelken, Rosmarin und Thymian einlegen. Danach Wacholder, Nelken und Lorbeer entfernen.
Karotte, Selleriescheibe, Zwiebel und Knoblauch fein schneiden und in heißem Olivenöl etwas Farbe nehmen lassen. Hasenteile kurz mitrösten, salzen, pfeffern und die Marinade über das Hasenfleisch gießen. Den Hasen zugedeckt auf sehr kleiner Flamme anderthalb bis zwei Stunden lang schmoren. Danach den Hasen aus der Sauce nehmen, Rosmarin- und Thymianzweig entfernen, das Fleisch vom Knochen lösen sowie klein würfeln. Die Pappardelle in Salzwasser kochen. Die Sauce inzwischen etwa auf ein Drittel einkochen. Die Fleischwürfel zurück in die Sauce geben. Den Sugo mit Panna binden. Die Pappardelle abseihen und gründlich mit dem Hasensugo vermischen. Mit Parmesan bestreut servieren.

Wein

Montepulciano d' Abruzzo

800 g Rindschulterscherzl oder Mastochsenbug
Salz
2 EL Olivenöl
1 kg Paradeiser
1 Lorbeerblatt
8 Pfefferkörner
1 Karotte
1 Flasche kräftiger Rotwein
250 ml Rindsuppe
400 g Penne
2 l Salzwasser
2 EL Olivenöl
2 EL Butter
Öl oder Fett für die Form
120 g Parmesan, frisch gerieben
2 EL Pangrattato (entrindete Weißbrotbrösel)
etliche Butterflocken zum Gratinieren

ÜBERBACKENE PENNE MIT SUGO VOM GESCHMORTEN MASTOCHSEN/Marken

Mastochsenfleisch in Würfel von etwa 2 cm Durchmesser schneiden, leicht salzen und in Olivenöl zart anbraten, bis es auf allen Seiten Farbe nimmt. Geviertelte Paradeiser, Lorbeerblatt, Pfefferkörner sowie die in Scheiben geschnittene Karotte dazugeben. Mit Rotwein und Rindsuppe aufgießen, Deckel aufsetzen und zugedeckt zwölf bis fünfzehn Stunden lang auf kleinster Flamme schmoren lassen, bis das Fleisch zu Püree zerfallen ist. (Bei Bedarf hin und wieder einen Löffel Rindsuppe nachgießen.) Die Fleischmasse durch ein Sieb passieren oder aufmixen und beiseitestellen. Mittlerweile die Penne in Salzwasser und etwas Olivenöl stark al dente kochen (sie sollten eher zu hart als zu weich sein), Butter in einer Kasserolle zerlassen und die Penne darin gut durchschwenken. Eine Auflaufform gut befetten und den Boden der Form mit Parmesan bestreuen. Darauf eine Schicht Fleischpüree und eine Schicht Penne auftragen, dann von neuem mit Parmesan beginnen und fortfahren, bis die Form gefüllt ist. Die oberste Schicht sollte aus Parmesan und Semmelbröseln sowie einigen Butterflocken bestehen. Die Form in ein auf höchster Stufe gut vorgeheiztes Rohr schieben und gratinieren, bis die Oberfläche braun und knusprig ist.

Wein

Rosso Conero Riserva

400 g Tagliatelle oder Tagliolini
200 g wilder Spargel
80 g Zwiebeln
80 g Pršut
1 dl Weißwein, Petersilie
Knoblauch
Meersalz und Pfeffer
aus der Mühle
1 Teelöffel Butter
2 El Parmesan
2 EL Olivenöl

TAGLIATELLE MIT WILDEM SPARGEL/ Slowenien (Foto)

Die Pasta al dente kochen. In der Zwischenzeit die Sauce vorbereiten. Zwiebeln in Scheiben schneiden und in Olivenöl anrösten. Grob geschnittenen Spargel und fein gehackten Pršut hinzufügen und noch ein wenig mitrösten. Mit Weißwein aufgießen, dann mit Knoblauch, Petersilie, Butter, Salz, Pfeffer und Parmesan abschmecken. Die Sauce ist fertig, wenn der Spargel biegsam, aber noch bissfest ist. Pasta auf vorgewärmten Tellern anrichten. Sauce darüber nappieren und heiß servieren.

Wein

Lazki Rizling (Welschriesling)

300 g Orecchiette (Ohrennudeln)
300 g Mangold
1 dl Olivenöl
1 KL Peperoncini
8 Sardellenstreifen
2 EL Pangrattato
Meersalz aus der Mühle

ORECCHIETTE MIT MANGOLD/ Abruzzen

Orecchiette in Salzwasser kernweich kochen. 5 Minuten vor Garungsende den grob geschnittenen Mangold mit den Orecchiette mitkochen. In einer großen Kasserolle Olivenöl erhitzen. Fein gehackte Sardellen und Peperoncini kurz anrösten. Pangnattato darüber streuen. Nudeln und Gemüse abseihen und ebenfalls in die Pfanne geben. Etwa fünf Minuten lang auf mittlerer Pfanne mitdünsten und dabei stets umrühren. Mit Meersalz bestreuen und heiß servieren.

Tipp

In Süditalien wird dieses Gericht vor allem auch mit Cime di Rape (wildem Broccoli) zubereitet, der außerhalb Italiens jedoch nur schwer erhältlich ist.

Wein

Trebbiano d' Abruzzo

350 g Seppiolini
(kleine Tintenfische)
2 EL Butter
2 EL Olivenöl
2 Knoblauchzehen
1 kleine Zwiebel
180 ml trockener Weißwein
300 g Arborioreis
1 Briefchen mit Tintenfischtinte
(im Fachhandel erhältlich)
600 ml klare Fisch-
oder Hühnersuppe
Meersalz und schwarzer Pfeffer
aus der Mühle
2 EL Petersilie, grob gehackt
1 Schuss natives Olivenöl

RISOTTO NERO/ Venedig (Foto)

Seppiolini waschen und vierteln. Knoblauch und Zwiebel fein schneiden sowie in Butter und Olivenöl anschwitzen. Tintenfische hinzufügen, Weißwein angießen und ca. 20 Minuten lang auf kleiner Flamme halb zugedeckt köcheln lassen, bis der Wein fast eingedampft ist. Tinte und Reis einrühren. Mit kochender Fisch- oder Hühnersuppe aufgießen, Hitze auf ein Minimum reduzieren und den Risotto zugedeckt ca. 20 Minuten lang gar ziehen lassen. Mit Salz, Pfeffer und einem Schuss nativem Olivenöl abschmecken und mit Petersilie bestreut heiß servieren.

Wein

Soave Superiore

1 Seeteufel ohne Kopf (ca. 1 kg)
Meersalz und Zitronensaft
750 g Zwiebel
180 ml Olivenöl
30 g edelsüßer Paprika
1 Pfefferoni
1 El Petersilie, grob gehackt
2–3 Babure (Spitzpaprika)
1 kleine Melanzani
1 mittlere Zucchini
100 g Erdäpfel
4 Paradeiser
100 g Langkornreis, kernweich vorgekocht

SEETEUFEL-DJUVEC/ Dalmatien

Seeteufel zuputzen, filetieren und in mundgerechte Stücke schneiden. (Diese Arbeit kann auch der Fischhändler erledigen.) Die Fischstücke mit Zitrone beträufeln, salzen und beiseitestellen.
Öl in der Pfanne erhitzen, Zwiebelringe goldgelb anbraten. Entkernten und in Streifen geschnittenen Pfefferoni, Petersilie und Meersalz mitbraten. Grobwürfelig geschnittene Spitzpaprika, Melanzani, Zucchini und Erdäpfel zum angebratenen Zwiebel geben, 5 Minuten lang mitbraten und Paprikapulver darüber streuen. Zuletzt den kernig vorgekochten Reis und den Fisch unterheben. Gut durchmischen und mit so viel heißem Wasser übergießen, bis alles bedeckt ist. Den Djuvec ins auf 180° C vorgeheizte Rohr stellen und ca. 15 Minuten lang braten, bis Reis, Fisch und Gemüse gar, aber noch nicht trocken sind.

Wein

Posip Cara (trockener Weißwein
aus Korcula)

200 g Tastasàl (Brät von Salsicce
oder anderen Rohwürsten)
1 Zwiebel
1 Knoblauchzehe
2 EL Butter
200 g Arborioreis
750 ml Rindsuppe
150 g Parmesan, frisch gerieben
8 Salbeiblätter
2–3 Butterflocken
Meersalz aus der Mühle

RISOTTO COL TASTASÀL/Risotto mit Wurstbrät aus dem Veneto

Das Wurstbrät aus der Haut drücken. Die Zwiebel und die Knoblauchzehe schälen und fein würfeln. Die Butter erhitzen, zuerst die Zwiebel und den Knoblauch andünsten. Dann das Tastasàl (Wurstbrät) kurz mitrösten. Den Reis dazurühren und alles gemeinsam sachte anbraten. Dann etwas heiße Brühe aufgießen sowie unter gelegentlichem Umrühren und stetigem Nachgießen von Brühe etwa 18–20 Minuten offen köcheln, wobei die Reiskörner stets gerade von der Flüssigkeit bedeckt sein sollten. Wenn die Körner gar sind, aber noch einen leichten Biss haben, Parmesan, Salbeiblätter und Butterflocken untermischen und unter ständigem Rühren auf kleinster Flamme weiter ziehen lassen, bis der Käse geschmolzen ist. Abschmecken und heiß servieren.

Wein

Cabernet di Lison-Pramaggiore

500 g Hühnerleber
3 größere Zwiebeln
4 EL Olivenöl
2 Löffel geriebene Nüsse
200 g Reis
1 kleiner Löffel Zucker
Salz, Pfefferkörner
1 Msp. Zimt
1 Msp. Nelkenpulver
150–200 g Rosinen,
in etwas Slivovitz geweicht
3 Paradeiser
500 ml Rindsuppe
6 Salbeiblätter
3 EL Petersilie, grob gehackt

HÜHNERLEBERPILAV/Albanien

Die Leber in nicht zu heißem Öl rundum kurz anbraten, aus dem Fett heben und warm stellen. Im Bratfond gehackte Zwiebel und Nüsse ca. 5 Minuten lang anrösten. Reis dazumischen, leicht zuckern und salzen sowie die in Slivovitz marinierten Rosinen und kleinwürfelig geschnittene Paradeiser untermengen. Mit Suppe ablöschen und zugedeckt bei sehr niedriger Temperatur dämpfen, bis der Reis kernweich ist. Zuletzt die Leber sowie gehackten Salbei und Petersilie hinzufügen. Vorsichtig durchmischen, zudecken und nochmals 10 Minuten auf kleiner Flamme ziehen oder im auf 120° C vorgeheizten Backrohr ausdämpfen lassen. Mit Rote-Rüben-Salat servieren.

200 g Langkornreis
120 ml Olivenöl
2 Zwiebeln
200 g Steinpilze
oder andere frische Waldpilze
200 g Hühnerleber
3 EL Petersilie, grob gehackt
2 Eier
200 ml Sauerrahm

REIS-MUSAKA/Von der griechischen Küche inspiriertes Rezept aus Montenegro

Reis in reichlich Salzwasser kochen, abseihen und mit kaltem Wasser abschrecken. Fein gehackte Zwiebel in 2 EL heißem Öl goldgelb anschwitzen, mundgerecht geschnittene Pilze hinzufügen und ca. 5–10 Minuten lang mitdünsten.
Pilze und Zwiebel mit einer Schöpfkelle aus der Pfanne heben. Im restlichen Öl die ebenfalls mundgerecht geschnittene Hühnerleber anbraten, bis sich die Poren verschließen sowie salzen und pfeffern. Achtung: Die Hühnerleber darf keinesfalls durch sein, da sie sonst im weiteren Garungsverlauf austrocknet.
Eine gut befettete Auflaufform mit einer etwa 1 cm dicken Schicht Reis füllen, diese pfeffern und wenig salzen. Darauf eine Schicht Pilze legen und mit gehackter Petersilie bestreuen. Diesen Vorgang wiederholen, bis Reis und Pilze aufgebraucht sind. Die oberste Schicht muss aus Leber bestehen, die mit dem restlichen Öl übergossen wird.
Die Form im auf 200° C vorgeheizten Rohr ca. 20 Minuten braten. Kurz vor dem Ende Sauerrahm mit Eiern verquirlen und über die Moussaka gießen. Weiterbraten, bis die Oberfläche schön goldgelb ist.
Mit frischen Blattsalaten servieren.

Wein

Vranac

il mare

Die adriatische Fisch- und Krustentierküche

»Ich habe das Meer gesehen. Jeden Tag, jede Stunde war es anders und immer herrlich. In Farben wie lichter Smaragd, wie leuchtender Azur, wie tiefes Ultramarin, ja wie ein Panzer mit lauter Silberschuppen spielte es vor mir.«

Adalbert Stifter

1 kg Kvarner Skampi
1 dl Olivenöl
Kräuter und Aromaten nach Geschmack (Salbei, Rosmarin, Lorbeer, Knoblauch, Pfeffer)
200 g Rucola
2 Zitronen

SKAMPI »PRIMORSKI«/ Klassische Zubereitung »nach Küstenart« aus dem Kvarner *(Foto)*

Skampischwänze der Länge nach einschneiden. Olivenöl mit Salbei, Rosmarin, Lorbeer, Knoblauch sowie Pfeffer aromatisieren und langsam erhitzen. Das Öl darf auf keinen Fall überhitzt werden und rauchen, da es sonst sein Aroma verliert. Die aufgeschnittenen Skampi allseitig in Öl braten, aber Vorsicht: Die Garzeit muss unbedingt kurz gehalten werden. Sonst flocken die Skampi aus oder verlieren an Biss. Anschließend die Skampi auf einem Beet aus Rucola anrichten und mit dem Öl sowie den Aromaten übergießen. Die Teller mit Zitronenscheiben dekorieren.

Wein

Zlahtina

2,5 kg Muscheln
1 dl Öl
200 g Zwiebel
3 Zehen Knoblauch
1 Bund Petersilie
3 Paradeiser
3 EL Brösel
Pfeffer, Salz
125 ml Weißwein

PRSTAKI/Muscheln in dalmatinischer Paradeiser-Buzara

Fein gehackte Zwiebel und Knoblauch mit der grob geschnittenen Petersilie und den würfelig geschnittenen Paradeisern in heißem Öl anbraten und fünf Minuten dünsten lassen. Brösel und frisch geschroteten Pfeffer unter die Paradeiser mischen. Gut gewaschene und gebürstete Muscheln mit dem Gemüse vermengen und zugedeckt dämpfen, bis die Muscheln sich öffnen. Wein angießen und noch weitere 5 Minuten köcheln lassen. Mit gerösteten Knoblauchbrotschnitten servieren.

1 kg mittelgroße Scampi
150 g Pršut (Karstschinken), aufgeschnitten
150 g Reis
2 El Olivenöl
300 ml Salzwasser oder Fischfond
Salz und Pfeffer aus der Mühle
1 Zitrone
2 EL Petersilie, grob geschnitten
Paradeiserschnitze für die Garnitur

GARNELEN MIT PRŠUT/Slowenien

Scampi kurz in kochendes Wasser tauchen, dann schälen und entdärmen. Jeden Scampischwanz in eine Scheibe Pršut wickeln und mit Zahnstocher fixieren. In Olivenöl tauchen und am Rost oder in der Pfanne rundum scharf anbraten, dann bei kleiner Flamme noch 2 Minuten ziehen lassen, salzen, pfeffern und auf Küchenkrepp abtropfen. Inzwischen Reis in etwas Olivenöl und Suppe nicht zu weich dämpfen und auf einer heißen Platte verteilen. Darauf die gebratenen Scampi anrichten und zuvor die Zahnstocher herausziehen. Mit Zitronen- und Paradeiserschnitzen sowie Petersilie garnieren und mit Olivenöl beträufeln.

Wein

Malvazija

16 Riesengarnelen
1 dl Olivenöl
80 g Pignoli (Pinienkerne)
3 Knoblauchzehen
2–3 Schalotten
1 KL Peperoncini
3 Paradeiser
1 Zweiglein Basilikum
100 g Kastenbrot
1 dl trockener Weißwein
2 EL Petersilie, grob gehackt
Meersalz aus der Mühle

RIESENGARNELEN IN PIGNOLI-PEPERONCINISAUCE/Marken

Garnelen ungeschält in Olivenöl anbraten, bis sich die Schale rot färbt, wieder herausnehmen und kurz überkühlen. Garnelenschwänze aus der Schale drehen und entdärmen. Im Bratrückstand der Garnelen fein gehackte Schalotten glasig dünsten, gewürfelte Paradeiser hinzufügen, mit Peperoncini sowie Basilikumblättern würzen und auf kleiner Flamme ca. 15 Minuten lang weiter dünsten lassen. Inzwischen Pignoli, Knoblauch, in Weißwein geweichtes Kastenbrot und Petersilie aufmixen oder in einem Mörser zerstampfen und den so entstandenen Brei zu den Paradeisern geben. Die Sauce nochmals mit Meersalz abschmecken, die Garnelen hineingeben und zugedeckt 3–4 Minuten lang dämpfen. Mit gerösteten Weißbrotscheiben servieren.

Wein

Falerio dei Colli Ascolani

1 Octopus (Krake)
von ca. 1 kg, küchenfertig und
ohne Tintenbeutel
250 ml Montepulciano d´Abruzzo
(oder ein anderer kräftiger Rotwein)
2 Zwiebeln
2 EL Paradeismark
4 EL Olivenöl
2 El Balsamessig
2 Zweiglein Rosmarin
1 Zehe Knoblauch
1 Lorbeerblatt
1 Bund Petersilie, fein geschnitten
Salz, Pfeffer, Nelkenpulver

OCTOPUS IN MONTEPULCIANO D'ABRUZZO/ In Abruzzen-Wein geschmorte Krake

Octopus waschen und grobwürfelig schneiden. Petersilie, Rosmarin, Knoblauch und Zwiebel zerkleinern und in Olivenöl anbraten. Krakenwürfel hinzufügen und ca. 15 Minuten auf kleiner Flamme ziehen lassen. Paradeismark unterrühren, mit Essig ablöschen und weitere 15 Minuten köcheln lassen. Dann den Rotwein angießen, Lorbeerblatt entfernen und zugedeckt mindestens 90 Minuten lang schmoren lassen, bis das Krakenfleisch weich ist. Bei Bedarf etwas Flüssigkeit nachgießen. Lorbeerblatt entfernen. Sauce noch einmal kurz einkochen und den Octopus mit Polenta servieren.

Wein

Montepulciano d´Abruzzo

4 Caponi (Knurrhähne),
geschuppt und gewaschen
Saft einer halben Zitrone
50 g schwarze Oliven
2 Knoblauchzehen
125 ml Olivenöl
3 Lorbeerblätter
8 Pfefferkörner
Meersalz und Pfeffer
aus der Mühle

CAPONE AL CARTOCCIO/ Apulischer Knurrhahn in Folie

Zunächst eine Marinade aus Knoblauchzehen, Zitronensaft, 125 ml Olivenöl, zerkrümelten Lorbeerblättern und frisch geschrotetem Pfeffer rühren. Fische in dieser Marinade in den Kühlschrank stellen und mindestens zwei Stunden lang ziehen lassen.
Backofen auf 200° C vorheizen. Jeden Fisch auf einen Bogen Alufolie oder Pergamentpapier setzen und mit der Marinade beträufeln. Fische salzen und mit entsteinten und grob gehackten Oliven bestreichen. Fische in die Folie einwickeln und darauf achten, dass die Enden wirklich gut verschlossen sind und nichts ausfließen kann.
Päckchen im auf 200° C vorgeheizten Backrohr je nach Größe der Fische 10–15 Minuten garen, in der Hülle servieren und diese erst bei Tisch öffnen. Dazu passen Salate und Salzerdäpfel.

Wein

Ostuno Bianco

8 kleine Rotbarben
(oder andere kleine Meeresfische im Ganzen)
2 EL Olivenöl
2 dl Weißwein
3 große fleischige Paradeiser
1 Petersilienwurzel
1 Fenchelknolle
1 Zweiglein Thymian
1 kleines Lorbeerblatt
2 Knoblauchzehen
4 Pfefferkörner
8 Korianderkörner
1 Msp. Safranfäden
2 Zitronen
4 EL natives Olivenöl

ROTBARBEN MIT SAFRAN/Veneto

Das Backrohr auf 180° C vorheizen. Die geputzten und ausgenommenen Rotbarben in einer mit 2 EL Olivenöl befetteten, feuerfesten länglichen Kasserolle mit hohem Rand nebeneinander anordnen. Die Safranfäden in den möglichst auf Zimmertemperatur gelagerten Weißwein geben, fünfzehn Minuten darin ziehen lassen und die Flüssigkeit über die Fische gießen. Petersilienwurzel, Fenchelknolle und Knoblauch möglichst fein hacken. Die Paradeiser schälen, entkernen und kleinwürfelig schneiden. Das Gemüse mit den Pfeffer- und Korianderkörnern sowie dem Thymian über die Fische verteilen. Ins Rohr schieben und dort etwa 20 Minuten lang schmoren lassen. Herausnehmen und die Fische im Saft erkalten lassen. Rundum mit Zitronenscheiben garnieren, mit kaltgepresstem Olivenöl begießen und kalt servieren.

Wein

Soave Superiore

ca. 1 kg größere Sardinen
2 Knoblauchzehen
2 EL Olivenöl
(möglichst hitzebeständig)
Meersalz und reichlich Pfeffer
aus der Mühle
125 ml Wasser
2 EL weißer Balsamico-Essig
1 TL Paradeismark

BORETO DE SARDUNI/ Rezept aus dem Ristorante »Da Ovidio« in Grado

Olivenöl in einem schweren Topf möglichst stark erhitzen und die Knoblauchzehen darin bräunen, bis sie tiefschwarz werden. Knoblauch entfernen, Sardinen in die Pfanne geben, salzen und pfeffern sowie beidseitig goldbraun braten. Mit Essig ablöschen und diesen bis zum Verdampfen einkochen. Wasser angießen, Hitze reduzieren und die Sardinen 5–6 Minuten lang schmoren. Paradeismark einrühren und die Fische mit der Sauce und weißer Polenta servieren.

Tipp

Diese für die Stadt Grado in Friaul-Julisch Venetien typische Garungsmethode lässt sich – mit jeweils angepassten Garzeiten – auch auf andere Fische und Schaltiere anwenden. So kennt man in Grado etwa einen Boreto vom Steinbutt, vom Meeraal, vom Wolfsbarsch, von der Goldbrasse, vom hier „Asia“ genannten Dorn- oder Glatthai, aber auch von Jakobs- oder Messermuscheln sowie von Heuschrecken- und Taschenkrebsen.

Wein

Vitovska

8 Stücke filierten Aal
2 Zehen Knoblauch
50 g Polenta
ca. 1 dl Weißwein
1 EL Pinienkerne
500 g frischer Blattspinat
250 ml Balsamico
Meersalz, Pfeffer, Olivenöl

AAL IM WEINTEIG MIT PIGNOLI-SPINAT/ Emilia Romagna

Aus Polenta, Weißwein, Muskatnuss, einer Prise Zimt, Salz, Pfeffer und Olivenöl einen Backteig rühren. Er darf nicht zu dick und auch nicht zu dünn sein. Er muss sich wie ein Mantel um den Aal legen, ohne dass er sofort wegrinnt, aber auch nicht zu dick kleben bleibt. Den Fisch in den Teig tauchen und in einer Pfanne im schwimmenden Fett backen. Auf ein Küchenpapier legen, abtupfen und leicht salzen. In einer Pfanne Olivenöl erhitzen und den Knoblauch anschwitzen, den geputzten, gewaschenen Spinat dazugeben und bei leichter Hitze zusammenfallen lassen. Die Pinienkerne dazugeben. In der Zwischenzeit etwas Balsamicoessig auf die Hälfte reduzieren. Den Spinat in der Mitte des Tellers anrichten, den gebackenen Aal daraufsetzen und den Balsamico um den Spinat träufeln.

Wein

trockener Lambrusco

1 Branzin (Wolfsbarsch)
von ca. 1000 g
250 g pochierter Blattspinat
250 g Blätterteig
1 dl Olivenöl
20 g Knoblauch
Salz, Pfeffer
1 Eidotter

BRANZIN MIT SPINAT IN DER BLÄTTERTEIGKRUSTE/Wolfsbarsch auf dalmatinische Art

Wolfsbarsch entgräten und in zwei Filets (mit Haut) teilen. Kopf und Schwanz abschneiden und aufbewahren. Beide Filets salzen, pfeffern sowie mit Öl bestreichen. Pochierten Blattspinat salzen und mit fein gehacktem Knoblauch sowie etwas Öl vermengen. Eine Hälfte des Wolfsbarschs (Hautseite nach unten) mit Spinat belegen und die andere Hälfte (Hautseite nach oben) darauflegen. Blätterteig im Ganzen auflegen. Die beiden zusammengesetzten und gefüllten Fischfilets darauflegen sowie Kopf- und Schwanzstück hinzufügen, so dass der Eindruck eines „ganzen" Fisches entsteht. Den Fisch so in Blätterteig hüllen, dass Kopf und Schwanz frei bleiben. Randstücke vom Blätterteig in Streifen schneiden und diese als Dekor kreuzweise auf der Oberseite des Fisches auftragen. Backrohr auf 180° C vorheizen und den Blätterteigfisch auf ein mit Backpapier ausgelegtes Blech setzen. Oberseite mit versprudeltem Dotter bestreichen, den Fisch ca. 30 Minuten backen und auf einem Beet aus gekräuselter Petersilie servieren. Dazu passen Bratkartoffel und gemischter Salat.

Wein

Zlatan Otok Zaval

1 große Goldbrasse (ca. 1,2 kg)
500 g festkochende Erdäpfel
4 EL Petersilie, grob geschnitten
80 g Pecorino, frisch gerieben
3 Knoblauchzehen
50 ml Olivenöl
Meersalz und Pfeffer
aus der Mühle

ÜBERBACKENE GOLDBRASSE MIT ERDÄPFELN UND PECORINO/ Apulien

Goldbrasse schuppen, ausnehmen, waschen, trocken tupfen und innen wie außen mit Meersalz einreiben. Erdäpfel in Scheiben schneiden und in kochendem Salzwasser 5 Minuten lang pochieren. In einer feuerfesten Kasserolle die Hälfte der Erdäpfelscheiben in 2–3 EL Olivenöl anbraten, 2 EL Petersilie und 40 g Pecorino darüber verteilen. Die Goldbrasse darauflegen und die andere Hälfte der Zutaten darüber verteilen. Alles mit gutem Olivenöl beträufeln, salzen, pfeffern und 40–45 Minuten lang in den auf 200° C vorgeheizten Ofen geben. (Hitze nach 10–15 Minuten auf 180° C drosseln.) Die Goldbrasse erst bei Tisch vorlegen.

Wein

Ostuno Bianco

8 Seezungenfilets à ca. 80 g
Mehl zum Wälzen
250 g Miesmuscheln
8 Garnelen
4 EL Olivenöl
1 Zwiebel, fein gehackt
2 Knoblauchzehen, gehackt
8 schwarze Oliven
1 große Paradeiser,
enthäutet und gewürfelt
200 ml trockener Weißwein
Meersalz, Pfeffer, Mehl
4 Basilikumzweiglein

SOGLIOLA AI FRUTTI DI MARE/ Seezunge mit Meeresfrüchten aus Molise

Seezunge mit Salz und Pfeffer würzen, in Mehl wenden und in Olivenöl auf der Hautseite goldbraun braten, herausheben und warm stellen. Die Garnelen schälen, entdärmen, braten und ebenfalls warm stellen. Zwiebel anschwitzen, Knoblauch zugeben und Farbe annehmen lassen, Paradeiserwürfel zugeben und anschmoren, Weißwein angießen, Miesmuscheln zugeben und 5 min bei starker Hitze zugedeckt dämpfen (Pfanne mehrmals rütteln). Sobald sich die Muschelschalen geöffnet haben, Seezungen und Scampi in die Sauce legen und kurz durchziehen lassen. Mit Basilikumzweiglein garnieren.

Wein

Pentro Bianco

4 kleinere Goldbrassen
3 EL Olivenöl
4 kleinere Zwiebeln oder 8 Schalotten
8 Sardellenfilets
8 schwarze Oliven
1/2 Knolle Fenchel
1–2 Artischocken
8 kleine Kartoffeln
100 ml Weißwein
150 ml Passato di Pomodoro (passierte Paradeiser)
2 Zweiglein Rosmarin
2 Knoblauchzehen
1–2 EL natives Olivenöl
Meersalz und Pfeffer aus der Mühle
grobes Meersalz

GOLDBRASSE MIT ARTISCHOCKEN, SARDELLEN UND ZWIEBELN/ Abruzzen

Die Doraden schuppen, zuputzen, waschen und trocken tupfen. Die ringförmig geschnittenen Zwiebel mit den Sardellenfilets und den entsteinten und halbierten schwarzen Oliven in Öl andünsten. Erdäpfel und Artischocken in Salzwasser vorkochen. Artischocken zuputzen (Heu wegschneiden) und, ebenso wie den Fenchel, in mundgerechte Stücke bzw. Scheiben schneiden. Sobald die Zwiebel glasig sind, das Gemüse hinzufügen und ca. 5 Minuten mitdünsten. Mit Weißwein und passierten Paradeisern ablöschen, mit Meersalz und Pfeffer (Mühle) würzen. Rosmarin und zwei ungeschälte Knoblauchzehen beigeben und die Fische auf dem Gemüse zugedeckt 15–20 Minuten lang gar dämpfen. Goldbrassen auf einer heißen Platte anrichten. Knoblauchzehen und Rosmarinzweige aus dem Gemüse entfernen und dieses rund um die Rotbarben drapieren. Fische mit nativem Olivenöl beträufeln und grobem Meersalz bestreuen.

Wein

Trebbiano d' Abruzzo

1 Branzin (Wolfsbarsch) von ca. 800 g
2 kg grobes Meersalz
3–4 Knoblauchzehen
frische Kräuter nach Belieben
1 Eiklar
ca. 1 EL Olivenöl

BRANZIN IN DER SALZKRUSTE/
Klassische Zubereitungsart, im gesamten Adriaraum verbreitet

Den ausgenommenen, gut ausgewaschenen, aber ungeschuppten Branzin von den Kiemen befreien. Die Bauchhöhle salzen und, je nach Geschmack, mit geschälten Knoblauchzehen und frischen Kräutern füllen. Das Meersalz mit dem Eiklar in einer Schüssel verschlagen. Ein Backblech mit Alufolie auslegen und eine dünne Schicht Salzmasse auftragen, die etwas länger und breiter als der Fisch ist. Den Fisch daraufsetzen und unter dem restlichen Salz völlig „vergraben". Im auf 200° C vorgeheizten Backrohr je nach Größe 20–30 Minuten backen. Den Branzin in der Salzkruste servieren und diese erst bei Tisch öffnen. Die Haut wird in diesem Fall nicht mitgegessen.

Tipp

Dieses Rezept eignet sich selbstverständlich auch für andere mediterrane Fische, insbesondere für Goldbrasse, St. Petersfisch und Meeräsche.

Wein

Pinot Grigio

1 Steinbutt von 2–2,5 kg

für den Schmorsaft:
1 Stange Lauch
1 Stangensellerie
2 Zwiebeln
2 Karotten
2–3 Knoblauchzehen
2–3 Lorbeerblätter
1 Zweiglein Thymian
8 Pfefferkörner
4 Wacholderbeeren
350 ml trockener Weißwein
350 ml Gemüse- oder Hühnersuppe

für das Pilzgemüse:
500 g Steinpilze und/oder andere gemischte Waldpilze
2 EL Olivenöl
grobes Meersalz
2 Knoblauchzehen, fein gehackt
2–3 Schalotten, fein gehackt
2 El Petersilie, grob gehackt
1 Paradeiser, geschält und gewürfelt
1 EL Semmelbrösel
2–3 EL natives Olivenöl

STEINBUTT MIT STEINPILZGEMÜSE/Friaul

Steinbutt zuputzen und waschen. Das Schmorsaftgemüse mitsamt den Gewürzen in einer Backform oder Bratpfanne anordnen, die groß genug ist, um den ganzen Steinbutt zu fassen. Mit Weißwein und Hühnersuppe aufgießen, den Steinbutt daraufsetzen und alles im auf 160° C vorgeheizten Backrohr gar ziehen lassen.
In der Zwischenzeit Öl in einer Pfanne erhitzen und grobes Meersalz, Knoblauch und Schalotten einrühren. Nach einer Weile mundgerecht geschnittene Pilze hinzufügen und diese 5–10 Minuten lang unter ständigem Wenden braten. Danach Petersilie und Paradeiser dazugeben, weiter schmoren und zuletzt mit Salz und Pfeffer abschmecken.
Den Butt aus dem Gemüse heben und portionsweise aufteilen. Die Portionsstücke warm stellen. Einen Teil des Schmorsaftes durch ein Sieb über das Pilzgemüse seihen und einkochen lassen. Mit Semmelbröseln binden und mit etwas nativem Olivenöl beträufeln. Den Butt mit dem Pilzgemüse und den Salzerdäpfeln servieren. Den Kopf extra servieren. Es findet sich an jeder Tafel ein „Knabberer", der weiß, dass das Kopffleisch das feinste ist.

Wein

Tócai Friulano

1 ganzer Drachenkopf
von ca. 1,2–1,5 kg
2 dl Olivenöl
200 ml Weinessig
100 ml Weißwein
Salz, Pfeffer, Petersilie, Lorbeer
2 Zitronen

GEKOCHTER DRACHENKOPF/ Slowenien

Drachenkopf in einem großen Topf kaltem Wasser ansetzen und dieses zum Kochen bringen. Olivenöl, Weinessig, Weißwein, Lorbeer, 1 Zwiebel, 2 Knoblauchzehen, Meersalz und Pfefferkörner hinzufügen. Den Fisch 20 Minuten lang sanft sprudelnd kochen lassen. Drachenkopf vorsichtig aus dem Sud heben und mit Zitronenscheiben und gekräuselter Petersilie im Ganzen servieren. Den Fisch bei Tisch vorlegen und mit jeweils etwas Sud übergießen. Das Kopffleisch extra auf einem vorgewärmten Teller anrichten. Es ist das beste. Dazu passen Salzerdäpfel.

Wein

Malvazija

750 g Filets vom San Pietro
(St. Petersfisch)
2 Knoblauchzehen
4 Zweiglein Minze
oder Zitronenminze
100 g Pangrattato
(entrindete Weißbrotbrösel)
Salz und Pfeffer aus der Mühle
2 Limonen
natives Olivenöl

ST. PETERSFISCH MIT MINZE UND LIMONEN/ Abruzzen

Knoblauch und die Blätter von zwei Minzezweiglein fein hacken und mit den Bröseln sowie Salz und Pfeffer vermischen. Die Petersfischfilets in dieser Mischung gut wälzen und in eine mit Olivenöl bestrichene Form setzen. Die Filets mit einem Film von feinem Olivenöl überziehen und im auf 200° C vorgeheizten Rohr ca. 10 Minuten gratinieren. Die Filets vor dem Servieren mit dem Saft einer Limone beträufeln und mit Limettenscheiben und der restlichen Minze garnieren. Dazu passen gekochte oder gebratene Erdäpfel und pochierter Blattspinat.

Wein

Trebbiano d' Abruzzo

1 Coda di Rospo (Seeteufel) ohne Kopf (oder 600–800 g Filet)
Pfeffer aus der Mühle
Zitronensaft
500–800 g reife Paradeiser (ersatzweise Pelati aus der Dose)
2 EL Kapern
2 Schalotten
1–2 Knoblauchzehen
2–3 EL Olivenöl
1 EL Paradeismark
Messerspitze Chilipulver
1 Prise Oregano
150 ml trockener Weißwein
100 ml Hühner- oder Gemüsesuppe
Olivenöl für die Form
Rosmarinöl
Rosmarinzweige
2 EL natives Olivenöl

SEETEUFEL MIT PARADEISERN UND KAPERN/ Marken

Angler kalt waschen, mit Küchenkrepp trocken tupfen, in Steaks oder Medaillons schneiden und diese beidseitig mit Salz, Pfeffer und Zitronensaft aromatisieren und für eine Weile beiseitestellen. Paradeiser kurz in heißem Wasser ziehen lassen, schälen, Stiel entfernen und in Würfel schneiden. Kapern grob zerkleinern oder ganz lassen. Schalotten und Knoblauchzehen schälen, Schalotten sehr fein schneiden. In einer Kasserolle Olivenöl erhitzen, Schalotten darin hell anrösten, Knoblauchzehen hineinpressen, Paradeiswürfel zugeben und mit Salz, frisch gemahlenem Pfeffer, Kapern, Chilipulver und Provencekräutern würzen. Kurz anziehen lassen, mit Weißwein und Suppe aufgießen. Einmal kräftig aufkochen lassen. Backrohr auf 200° C vorheizen. Eine feuerfeste Form mit Olivenöl ausstreichen, Paradeiser in die Form füllen, Fischfilets auf die Paradeiser legen, mit etwas Rosmarinöl beträufeln und die Rosmarinzweige rund um die Fische drapieren. Alles im vorgeheizten Backrohr ca. 15–20 Minuten garen. Mit nativem Olivenöl beträufelt servieren.

Wein

Esino Bianco

1 ganzer Seeteufel (Angler) von ca. 1,20–1,50 kg
Olivenöl zum Ausstreichen
500 g Erdäpfel, geschält
Meersalz
2–3 Zwiebeln, geschält und grob gehackt
2 Zweiglein Rosmarin
1–2 Lorbeerblätter
3–4 Knoblauchzehen, ungeschält
2 EL Olivenöl
125 ml trockener Weißwein

SEETEUFEL UNTER DER PEKA/Istrien

Eine Pekapfanne mit Olivenöl ausstreichen, den gesalzenen Fisch in die Mitte setzen (eventuell in die Bauchhöhle eine kleine, feuerfeste Schale hineinschieben, damit der Fisch nicht umfällt).
Erdäpfel vierteln, salzen, rund um den Fisch legen und mit Zwiebeln bestreuen, Rosmarin, Lorbeer und zwischen zwei Fingern leicht angedrückte Knoblauchzehen hinzufügen. Alles mit Salz- und Pfeffermühle nochmals nachwürzen, mit Olivenöl beträufeln und mit Weißwein untergießen. Die Pfanne mit der Kuppel bzw. Glocke verschließen, in die heiße Asche eines im Gartengrill entfachten Holzkohlenfeuers schieben und mit möglichst viel Glut bedecken. Je nach Größe des Fisches 45–60 Minuten lang backen.

Tipp

Dieses Rezept lässt sich auch mit Branzino, Steinbutt und anderen Meeresfischen sowie mit größeren Fleischstücken aller Art zubereiten. Die Garzeiten müssen dabei entsprechend angepasst werden. Bei kleineren Fischen empfiehlt es sich, die Erdäpfel zuerst halbgar vorzukochen.

Wein

Malvazija

Der Fisch mit dem Glockenschlag

In Slowenien und Kroatien werden sowohl ganze Fische als auch größere Fleischstücke unter dem Glockengrill, der so genannten Peka oder Pekva, gegart. Diese archaische Garungsmethode beruht auf langsamen Schmoren unter heißer Asche. Man benötigt dazu eine Peka-Pfanne mit einem kuppelartigen Deckel – der „Glocke“ –, die sowohl aus Ton als auch aus Gusseisen oder Metall gefertigt sein kann. Eine solche Peka erhält man in verschiedenen Größen auf zahlreichen slowenischen und kroatischen Märkten, aber auch in Küchenfachgeschäften. Man kann dieses Gericht aber auch in jedem anderen feuerfesten Topf mit schwerem Deckel zubereiten.

lamm, huhn, wild und co

Vom Kleinvieh bis zum großen Braten

»Abgesehen von den Feigen aus Cherso trafen die Zahnbrassen aus Cittanova und die Austern vom Quieto ein, kamen die Ballons mit Öl aus Umago und die Weinfässchen aus Parenzo; kamen das Zicklein, der Hase, der Schafskäse aus dem Binnenland, die Pfirsiche und die Trauben.«

Giani Stuparich

600 g Kalbsleber, gut zugeputzt
3 große weiße Zwiebeln, frisch und saftig
3 EL Olivenöl, Salz und Pfeffer aus der Mühle
4 EL Butter
2 EL Petersilie, grob gehackt

FEGATO ALLA VENEZIANA/ Klassisches Kalbsleberrezept aus Venedig

Die Leber mit einem scharfen Filetiermesser in hauchdünne Scheiben schneiden. Das Öl mit 2 EL Butter auf mittlerer Flamme vorsichtig erhitzen, bis die Butter zu schäumen aufhört. Die Zwiebeln in hauchzarte Ringe schneiden und im Fett langsam (mindestens 15 Minuten) zugedeckt dünsten lassen, bis sie eine goldgelbe Farbe angenommen haben. Zwischenzeitlich öfters umrühren, um sicherzugehen, dass sich nichts am Pfannenboden anlegt. Nunmehr die Zwiebeln aus der Pfanne heben, beiseitestellen und die Hitze wesentlich erhöhen. Die Kalbsleberscheiben unter ständigem Schütteln und Wenden kurz ansautieren, sodass sie zwar gar, aber keinesfalls trocken werden, was bei richtigem Filetieren bereits nach 2–3 Minuten der Fall ist. Zwiebelringe dazugeben und eine weitere Minute auf mittlerer Flamme gut durchziehen lassen. Jetzt erst salzen und pfeffern. Die Leber mit den Zwiebeln gemeinsam auf heißen Tellern oder einer vorgewärmten Platte anrichten. In der Zwischenzeit die restliche Butter im Bratenfond anschmelzen lassen und denselben, wenn nötig, mit einem Kochlöffel loskratzen. Die geschmolzene Butter mit Petersilie vermischen und über die Leber gießen. Mit weißer Polenta servieren.

Wein

Valpolicella

600 g Kalbshirn
Essigwasser
300 g Zwiebel
2 dl Olivenöl
500 g Spitzpaprika (Babura)
500 g Paradeiser
1 kleiner Löffel Oregano
125 ml trockener Weißwein
Mehl zum Wälzen

KALBSHIRN MIT BABURA UND PARADEISERN/ Dalmatien

Hirn lauwarm waschen und dabei Adern sowie allfällige Knöchelchen entfernen. In reichlich Essigwasser kurz pochieren, abseihen, abkühlen und in Stücke schneiden. Fein geschnittene Zwiebel in Olivenöl glasig dünsten, fein gehackten Knoblauch, halbierte und entkernte Spitzpaprika sowie gewürfelte Paradeiser hinzufügen, mit Wein ablöschen, mit Salz, Pfeffer und Oregano abschmecken und zugedeckt auf kleiner Flamme ca. 20 Minuten lang weiter dünsten. Bei mäßiger Temperatur dämpfen, bis die Paradeiser weich sind.
Inzwischen das Kalbshirn in Mehl wälzen und in heißem Öl goldgelb braten. Danach salzen und pfeffern. Gebratene Hirnscheiben auf einer vorgewärmten Platte anrichten, mit Babura-Paradeiser-Gemüse übergießen und frisch geschnittene Petersilie darüber streuen.

Wein

Grasevina (Welschriesling) aus Kutjevo

Tipp

Als Beilage eignet sich mit gekochten Erdäpfelwürfeln vermischter Mangold, der vor dem Servieren mit kaltgepresstem Olivenöl beträufelt wird.

1 kg Lammkoteletts
100 ml Olivenöl
Frischkräuter (Salbei, Rosmarin, Knoblauch, Lorbeer) nach Geschmack
100 g Chicorée und Radicchio
1 Birne von ca. 200 g
Salz und Pfeffer nach Belieben

für die Šurlice:
500 g Mehl
2 Eigelb
50 ml Öl
125 ml Wasser
100 g Schafkäse

LAMMKOTELETTS MIT ŠURLICE/
Kurzgebratenes Lamm mit hausgemachten Nudeln aus dem Kvarner

Lammkoteletts am besten über Nacht in mit Kräutern, grobem Meersalz und frisch geschrotetem Pfeffer aromatisiertem Olivenöl marinieren und dabei mindestens einmal umdrehen. Inzwischen die Šurlice herstellen. Mehl und Öl mit sprudelnd kochendem Wasser verrühren. Eigelb unterrühren und alles zu einem Teig kneten. Teig ausrollen, in Scheiben von je 100 g schneiden und daraus mittels einer Stricknadel oder eines festen Strohhalms Nockerln von ca. 6–8 cm Länge formen. Der Teig muss dabei so um Nadel oder Halm gewickelt werden, dass nach dem Herausziehen innen ein Hohlraum zurückbleibt. Die Šurlice je nach Trocknungsgrad 2–10 Minuten in sprudelndem Salzwasser kochen, abschrecken und mit geriebenem Schafkäse bestreuen.
Während die Šurlice kochen, die Koteletts aus der Marinade heben und beidseitig scharf anbraten. Danach noch kurz auf kleiner Flamme ziehen lassen, sodass sie innen nicht roh, sondern zartrosa sind. Chicorée und Radicchioblätter mit der verbliebenen Marinade beträufeln und eventuell mit wenig Essig abschmecken. Koteletts darauf anrichten und mit Birnenschnitzen umlegen. Šurlice extra reichen.

Wein

Trojišćina Rosé

Tipp

Man kann Chicorée und Radicchio auch gedünstet oder über Holzkohle gegrillt und mit Meersalz sowie Olivenöl abgeschmeckt servieren.

350 g Schweinsripperln
Butter zum Befetten der Form
Salz, Pfeffer
Kräuter (Salbei, Thymian, Rosmarin) nach Geschmack
40 g Butter
5 g Trüffel
200 g gekochte Polenta
3 EL Olivenöl

SCHWEINSRIPPCHEN MIT TRÜFFELN UND GEBRATENER POLENTA/Istrien (Foto)

Das Ripperlfleisch im Ganzen beidseitig kurz anbraten und auf ein mit zimmerwarmer Butter befettetes Backblech legen. Salzen und pfeffern sowie mit Kräutern würzen. Das gewürzte Fleisch im Ofen auf niedrigster Temperatur (ca. 60° C) 150 Minuten braten. Inzwischen die Polenta kochen, abkühlen lassen, aufschneiden und die Scheiben in heißem, aber nicht überhitztem Olivenöl beidseitig scharf anbraten. Zuletzt die Butter zerlassen, über das Fleisch gießen und die Ripperln mit den geraspelten Trüffeln bestreuen.

Tipp

Exzellent lässt sich dieses Rezept auch mit Spanferkelrücken zubereiten.

Wein

Teran

4 Wachteln
Salz, Pfeffer
2–3 EL Olivenöl
50 g Wal- oder Haselnüsse, ersatzweise Mandeln
40 g Butter
20 g Mehl
2 Knoblauchzehen

WACHTELN MIT NÜSSEN/Slowenien

Die Wachteln gut zuputzen, entlang der Rückenseite aufschneiden, aufklappen, salzen und pfeffern und mit einem Schnitzelklopfer leicht klopfen. Die aufgeklappten Wachteln mit der Hautseite nach oben in eine Form setzen, mit Olivenöl beträufeln und im auf 180° C vorgeheizten Rohr ca. 25 Minuten lang knusprig braten und dabei mehrmals mit dem eigenen Saft begießen.
Inzwischen die geschälten Nüsse reiben. Butter anschmelzen, Mehl darüber streuen und leicht anrösten, etwas kaltes Wasser und die abgeseihte Bratflüssigkeit der Wachteln angießen, Nüsse und zerdrückte Knoblauchzehen hinzufügen. Alles 5 Minuten auf kleiner Flamme köcheln lassen.
Danach die Wachteln auf einer heißen Platte anrichten und mit der eingedickten Nusssauce übergießen. Mit Reis und Blattsalaten servieren.

Wein

Teran

750 g Fleisch von der Keule
des Boscarin-Rinds (ersatzweise gutes Kalbfleisch)
300 g Zwiebeln
100 g Speck
1 EL Mehl
1 EL edelsüßes Paprikapulver
1 TL scharfes Paprikapulver
1 Knoblauchzehe
Schale von 1/2 Zitrone
1 TL Kümmelpulver
125 ml Sauerrahm
etwas Suppe oder Wasser zum Aufgießen
Salz

PERKLET VOM BOSCARIN-RIND/Istrien

Fleisch in gulaschartige Würfel schneiden. Speck und Zwiebeln fein hacken. In einer Kasserolle den Speck anlaufen lassen, erst die Zwiebeln und etwas später das Fleisch darin anbraten. Abseits der Herdplatte mit Mehl sowie süßem und scharfem Paprikapulver stauben, mit Suppe ablöschen und den Topf wieder auf die Herdplatte zurückstellen. Nun das Fleisch weich dünsten und mit Salz, Zitronenschale, gepresstem Knoblauch und Kümmel würzen. Vor dem Servieren Sauerrahm einrühren. Mit Nudeln oder Erdäpfeln servieren.

Wein

Teran

Bistecca Boscarina

Das von einem Triestiner Tierarzt vor dem fast schon sicheren Aussterben gerettete istrische Boscarina-Rind ist ein enger Verwandter des Chianina-Rinds, das in der Toskana vor allem für „Bistecca fiorentina" verwendet wird. In Istrien stellt man daraus auch köstliche Schmorgerichte her.

750 g Rindfleisch
(z. B. vom Schulterscherzl) im Ganzen
100 g Speck
1–2 Dörrpflaumen
1 Knoblauchzehe
3 EL Olivenöl
1 große Zwiebel
1/2 Knolle Sellerie
1/2 Dose Pelati (geschälte Paradeiser)
1 Speckschwarte
1/2 Flasche Prošek (oder ein anderer Süßwein)
2 EL Semmelbrösel
250 ml Rindsuppe
3–4 Gewürznelken
Meersalz und Pfeffer aus der Mühle

PASTICADA/In Süßwein geschmortes Rindfleisch aus Istrien

Rindfleisch mit Nelken, Speckstreifen und stiftelig geschnittenem Knoblauch sowie getrockneten Dörrpflaumen spicken. Mit Olivenöl begießen und über Nacht stehen lassen. Fleisch in einem schweren, möglichst gusseisernen Topf von allen Seiten kurz anbraten. Zwiebel, grob gehackte Pelati, Sellerie und eine Speckschwarte hinzufügen und ca. 5 Minuten auf kleiner Flamme köcheln lassen. Danach mit Prošek und Rindsuppe übergießen, mit Semmelbröseln bestreuen und zugedeckt im auf 150° C vorgeheizten Rohr ca. 2–3 Stunden lang schmoren, bis das Fleisch weich ist. Fleisch aus dem Sud heben, in Scheiben schneiden und auf einer vorgewärmten Platte anrichten. Saft mit Meersalz und Pfeffer abschmecken und über das Fleisch passieren. Mit frischer Pasta (z. B. Fusi) servieren.

Wein

Teran

1 Gans von ca. 2,5–3 kg
4 Zwiebeln
100 g Öl oder Fett
6 Pelati (geschälte Paradeiser)
1 kg Erdäpfel
3 gelbe Rüben
1 KL Kümmel
2 KL edelsüßes Paprikapulver
Salz und Pfeffer aus der Mühle

GÄNSEGULASCH/ Kvarner

Die Gans waschen, trocken tupfen, salzen, pfeffern und in 8 Stücke schneiden. Geschälte, fein gehackte Zwiebel in heißem Fett goldgelb anlaufen lassen. Paprikapulver darüber streuen, mit etwas Wasser angießen und die gewürfelten Pelati und gelben Rüben hinzufügen. Mit Kümmel, Salz und Pfeffer abschmecken. Die Gänseteile in diese Sauce legen und zugedeckt auf kleiner Flamme 2–3 Stunden lang schmoren. Dabei hin und wieder Wasser oder Hühnersuppe nachgießen. Mit Teigwaren (z. B. Fusi) servieren.

Wein

Teran

Dieses Rezept stammt aus Opatija im Kvarner, das früher auch Fiume város hieß und als ausgelagerte Enklave und magyarischer Handelsumschlagplatz zum Königreich Ungarn gehörte. Auch heute noch haben sich in Opatija daher viele ungarische Gerichte wie dieses erhalten.

4 Fohlensteaks à 160 g
Meersalz
frisch geschroteter Pfeffer
4 Zweiglein Rosmarin
4 Knoblauchzehen
4 EL Olivenöl
4–6 eiskalte Butterstückchen

für die Gnocchi:
500 g Kartoffeln
1 Ei
1 TL Salz
1 EL Olivenöl
30 g Mehl
2 EL natives Olivenöl
5 g frische Trüffeln (je nach Saison schwarz oder weiß)

FOHLENSTEAKS MIT GETRÜFFELTEN GNOCCHI/Istrien

Zuerst die Gnocchi zubereiten: Ganze, ungeschälte Kartoffeln in Salzwasser kochen. Die gekochten Kartoffeln zerstampfen und auskühlen lassen. Zu den zerstampften Kartoffeln 1 Ei, Salz, Öl und Mehl hinzufügen. Den Teig durchkneten. Salzwasser in einem großen Topf zum Kochen bringen. Den gut durchgekneteten Teig in gleichmäßige Teile aufschneiden, welche dann auf der bemehlten Unterlage ausgewalkt werden, um eine gleichmäßig geformte Teigschlange zu erhalten. Die Teigschlange in gleichmäßige Gnocchi zerschneiden. Die Gnocchi in sprudelndem Wasser kochen, bis sie nach etwa zehn Minuten aufsteigen. Inzwischen die Fohlensteaks zubereiten: Steaks salzen, pfeffern und in jedes Stück ein Zweiglein Rosmarin stecken. Olivenöl erhitzen, Steaks beidseitig je eine halbe Minute sehr scharf anbraten. Knoblauchzehen leicht einschneiden und mitbraten. Die Pfanne mit den Steaks in den auf 190° C vorgeheizten Ofen stellen und die Steaks je nach gewünschtem Garungspunkt 4 bis 8 Minuten darin weiter garen. Rosmarinzweiglein und Knoblauch entfernen und Steaks anrichten. Bratensatz mit etwas Suppe loskochen, mit eiskalten Butterstückchen binden und über die Steaks gießen. Gnocchi abtropfen lassen, mit Öl beträufeln und Trüffeln darüber hobeln. Alles heiß servieren.

Wein

Teran

Tipp

Dieses Rezept lässt sich auch hervorragend mit Hirsch-, Wildschwein-, Rinder- oder Kalbssteaks zubereiten.

ΑΝ. ΖΑΡΚΑΝΤΖΙΑΣ

NAOUSSA
ΚΗΠΕΥΤΙΚΑ

1 Hahn oder Kapaun (ersatzweise ein gutes Freilandhuhn)
2 mittlere, in Scheiben geschnittene Zwiebeln
100 g gehackte Waldpilze oder Champignons
200 g fein geschnittener Parmaschinken
8 EL Olivenöl
2 große Paradeiser, in 1 cm dicke Stücke geschnitten
2 EL Parmesan, gerieben
2 EL Olivenöl

KAPAUN »ROSSINI«/Marken

Den Hahn oder Kapaun in vier oder acht Teile schneiden und diese in etwa der Hälfte des Olivenöls beidseitig etwa fünf Minuten anbraten, bis sie Farbe nehmen und knusprig werden. Die Hähnchenteile aus dem Fett nehmen und warm stellen. Im restlichen Öl die Zwiebeln glasig werden lassen und dann die Pilze oder Champignons sowie den Parmaschinken einrühren. Dabei notfalls noch etwas Olivenöl nachgießen.
Eine Terrine mit ausreichend Olivenöl rundum ausstreichen und darin die Hühnerteile sowie die Pilz-Schinken-Masse anrichten. Das Ganze mit Paradeiserscheiben abschließen, einen Deckel aufsetzen und etwa 35 Minuten auf kleinster Flamme weiter schmoren lassen. Dann den Deckel abnehmen, den Parmesan über die Paradeiser streuen und mit Olivenöl begießen, bevor man die Terrine in das bei 220° C vorgeheizte Rohr stellt und noch etwa fünf Minuten lang gratiniert, bis die Oberfläche knusprig ist.

Wein

Rosso Piceno Superiore

Schwan oder Kapaun in Pesaro

Seine kulinarische Ader lag Gioacchino Rossini, der aus der Marken-Hauptstadt Pesaro stammt, ebenso im Blut wie die musikalische. Schon Rossinis Vater Giuseppe war gleichzeitig Erster Stadttrompeter und Schlachthausinspektor der Stadt. (Fragt noch jemand, woher Rossini seine ausgeprägte Liebe für Rindfleisch hat, der wir nicht zuletzt die berühmten Tournedos Rossini verdanken?)
Freunde rieten Vater Rossini übrigens immer wieder, seinen hochmusikalischen Sohn ob dessen schöner Stimme eine Kastratenlaufbahn einschlagen zu lassen. Doch der Schlachthausinspektor von Pesaro ließ seinen Filius lieber Cello, Cembalo, Horn und Bratsche lernen. Kaum auszudenken, was passiert wäre, wenn die Musikwelt statt eines „Schwans von Pesaro“, wie Rossini bis ans Ende seines Lebens genannt wurde, mit einem singenden Kapaun aus den Marken gesegnet worden wäre.

2 Stock- bzw. Wildentchen, gerupft, gesäubert und ausgenommen, mit Innereien
4 weiße Zwiebeln, fein geschnitten
2 El Olivenöl
1 EL Butter
2 Zweiglein Rosmarin
100 ml Pinot Bianco (oder ein anderer trockener Weißwein)
100 ml Hühner- oder Geflügelsuppe
1 Prise Zimt
1 Prise Muskatnuss
Salz, Pfeffer

LAGUNENENTCHEN IN WEISSWEIN-ZIMT-SAUCE/Julisch-Venetien

Enten in jeweils vier Stücke scheiden, salzen, pfeffern und Innereien beiseitelegen. Zwiebeln in Öl und Butter ca. 10 Minuten lang anschwitzen, Wein angießen und fast völlig eindampfen lassen. Rosmarin, Fleischstücke, Herz und Magen hinzufügen, etwas Geflügelbrühe nachgießen, mit Zimt bestreuen und je nach Alter des Tiers eine bis zwei Stunden lang zugedeckt dünsten lassen. Fleisch aus dem Topf heben und auf einer heißen Platte anrichten. Sauce sämig einkochen und mit Salz, Pfeffer und Muskatnuss abschmecken. Als Beilage empfehlen sich geröstete weiße Polentascheiben.

Wein

Pinot Bianco

1 junge Ente von ca. 1,3 kg
500 g Olivenöl
3 Zwiebeln
100 g frische Waldpilze
100 ml Weißwein
300 ml Hühnersuppe
1 KL Paradeiser-Mark
Salz und Pfeffer aus der Mühle
3 Essig- oder Senfgurken
1 KL Maisstärke

ENTE MIT PILZEN/Slowenien

Fein gehackte Zwiebel in heißem Öl glasig anlaufen lassen, dann die feinblättrig geschnittenen Pilze hinzufügen und mitdünsten.
Inzwischen die gewaschene und trockengetupfte Ente in 4–6 Stücke teilen, salzen und in der Zwiebel-Pilzmischung kurz anrösten. Wein und Suppe angießen, Paradeismark einrühren, mit Salz und Pfeffer abschmecken sowie kleinwürfelig geschnittene Gurken dazugeben. Zugedeckt bei mäßiger Temperatur ca. 50 Minuten lang garen, bis die Ente weich ist. Zwischendurch bei Bedarf etwas Suppe nachgießen.
Am Schluss der Garzeit 1–2 EL Saft aus der Pfanne nehmen, mit Maisstärke vermischen, wieder zurückschütten und noch ca. 10 Minuten weiter köcheln lassen, bis die Sauce leicht eingedickt ist.
Entenstücke auf einer heißen Platte anrichten und mit dem Saft übergießen. Dazu Petersilienreis servieren.

Wein

Modri Pinot (Blauburgunder)

la dolce vita

Die adriatische Süßspeisenküche

»Abends versammelte man sich zur gemeinsamen Mahlzeit, die aus grossen Kupferkesseln eingenommen wurde: Köstliche Meerkrebse und Polypen, goldgelb in Öl gebacken, oder Gerichte aus Melanzanen, mit Kalbskaldaunen, reich mit Käse versetzt. Buntes Obst und Honigwaben krönten das Mahl, herber Rotwein brachte das erregte Lärmen bei Tisch zu immer tollerem Crescendo.«

Fritz von Herzmanovsky-Orlando

4 möglichst festfleischige Birnen
1/2 Stange Zimt
abgeriebene Schale einer Zitrone
1 Pkt. Vanillezucker
50 g Zucker
1 Flasche Teran bzw. Refosco
oder ein anderer kräftiger Rotwein
5 cl Rum

BIRNEN IN TERAN/ Slowenien *(Foto)*

Die Birnen schälen, halbieren und die Kerne entfernen. Birnenhälften nebeneinander in eine Kasserolle legen und mit Terán bedecken, Zucker, Vanillezucker, Zimt und Zitronenschale hinzufügen und die Birnen knapp am Siedepunkt weich, aber noch bissfest kochen lassen. Birnen abkühlen lassen und mit etwas Rum begießen. Mit Schlagobers dekorieren.

Tipp

Zu diesem Gericht passt auch eine Kugel Vanilleeis sehr gut. Man kann die Birnenhälften auch mit etwas Teránmarmelade füllen.

Wein

Teran

1 kg reife Heidelbeeren
500 ml Milch
50 g Zucker
1 Prise Salz
2 Gewürznelken
20 g Butter
1 EL fein gesiebtes Mehl
2 EL Butter oder Butterschmalz
4 Scheiben Weißbrot

HEIDELBEERCREME/ Slowenien

Beeren durch ein Sieb passieren und so oft wie nötig aufkochen lassen, damit eine schöne glatte Masse entsteht. Zucker, Salz, Gewürznelken, Butter, Milch und Mehl hinzufügen. Gut verrühren, bis die Creme sämig ist, eventuell noch etwas zusätzlichen Zucker hinzufügen, allerdings nur so viel, dass die Creme nicht zu süß und klebrig gerät. Weißbrotscheiben in einer Teflonpfanne fettfrei anrösten, in kleine Rhomben oder Dreiecke schneiden und auf der heiß servierten Creme anrichten.

Wein

Ledeno Vino (Eiswein)

500 g trockene Feigen
125 g Zucker
125 g Nüsse
1 Vanilleschote oder 1 Packerl Vanillezucker

für die Fülle:
250 g Mandeln
125 g Zucker
1–2 EL Wasser
1 Zitrone

FEIGENROULADE/ Montenegro

Trockene Feigen waschen, Stängel abschneiden und mahlen bzw. im Mixer grob pürieren. Nüsse zart anrösten und gemeinsam mit dem Zucker mahlen. Alles mischen und noch einmal mahlen bzw. aufmixen. Das Küchenbrett mit Kristallzucker bestreuen und die Masse etwa daumendick auftragen.
Fülle: Mandeln (oder Nüsse) putzen, etwas anrösten und mahlen. Zucker mit Wasser übergießen, Zitronensaft dazu und einen kompakten Sirup kochen, dazu kommen Nüsse, gut durchmischen und abkühlen. Sirup über aufgebreitete Fülle schütten, eng zu einer Strudel-Roulade wickeln. In fingerdicke Scheiben schneiden.

1 Speisekürbis von ca. 1 kg
200 g Weizenmehl (Typ 00)
150 g Zucker
2 Eier
Schale einer Zitrone
60 g Kochschokolade
1 EL Rosinen
1 dl Weißwein
1 EL Pinienkerne
1 Prise Zimtpulver
1 Prise Salz
Staubzucker
Pflanzenöl zum Frittieren
1 Flasche Recioto Amarone

FRITELLE DI ZUCCA/ Kürbiskrapfen aus dem Veneto

Kürbis vierteln, in Alufolie wickeln und die vier Stücke im Backofen so lange garen, bis sie sich völlig weich anfühlen und dem Fingerdruck keinerlei Widerstand mehr entgegensetzen. Kürbisfleisch auslösen, durch ein Sieb passieren, mit Mehl, Zucker, Eiern, geriebener Zitronenschale, geriebener Kochschokolade, in Wein geweichten Rosinen, Pinienkernen, Zimt und Salz zu einem Teig vermengen. Daraus kleine Kugeln formen und diese in heißem Öl ausbacken, bis sie goldgelb und knusprig aussehen. Mit Puderzucker bestreuen und zu einem Gläschen Süßwein reichen.

Tipp

Man kann die Fritelle auch noch mit einer Handvoll in Grappa eingelegter Rosinen verfeinern.

Wein

Recioto Amarone

500 g Maroni (Edelkastanien)
250 ml Cabernet Franc
oder ein anderer kräftiger Rotwein
etwas Salz
2 Gewürznelken
1 Lorbeerblatt
einige eiskalte Butterstückchen

MARONI IN CABERNET FRANC/ Friaul

Maroni in kaltem Wasser waschen und anschließend etwa 20 Minuten in handwarmes Wasser einlegen. Mit einem scharfen Messer (es gibt dafür auch eigens gewölbte Maronimesser) einen waagrechten Schnitt quer über den gewölbten Teil der Kastanie machen oder die Maroni – ebenfalls über die gewölbte Seite – kreuzweise einschneiden. Die Schnitte dürfen auf keinen Fall zu tief sein, da die Maroni sonst nach dem Garen leicht auseinanderfallen. Den Wein in einer geeigneten Kasserolle zum Kochen bringen, leicht salzen, mit Nelken sowie Lorbeerblatt würzen, die Kastanien dazugeben und den Deckel aufsetzen. Die Maroni auf mittlerer Hitze etwa eine halbe Stunde lang weich dünsten. Sobald sie sich mit einer Nadel fast widerstandslos anstechen lassen, den Deckel abnehmen, die Hitze erhöhen und den Wein bis auf einen ganz kleinen Rest von etwa 2 EL einkochen. Lorbeerblatt und Gewürznelken entfernen. Maroni herausheben und heiß servieren. Erst bei Tisch schälen. Den verbliebenen Wein mit einigen eiskalten Butterstücken abseits der Herdplatte zu einer Sauce aufmontieren und diese in einem kleinen Kännchen zu den Maroni reichen, die man, sobald sie geschält sind, bei Tisch damit übergießt.

Wein

Cabernet Franc

400 g Mehl
2 Eier
1 dl Öl
1 dl Weißwein
5 cl Schnaps (z. B. Slivovitz)
etwas Salz
reichlich Backfett

KROŠTULE/Frittierte Weihnachtskekse aus Istrien (Foto)

Sämtliche Zutaten miteinander vermischen und etwa eine halbe Stunde lang kühl rasten lassen. Den Teig danach flach ausrollen, nach Belieben in Stücke schneiden und in reichlich heißem Fett ausbacken.

Wein

Muskat aus Momjan

500 g Panna (Obers)
1 Vanilleschote
50 g Zucker
2 Blatt weiße Gelatine
Karamellsirup
Obst und Beeren für die Garnitur

PANNA COTTA/ Gestürzte Rahmcreme aus der Emilia Romagna

Gelatine in kaltem Wasser einweichen. Panna mit dem aus der Schote gekratzten Vanillemark (inkl. Schote) und Zucker auf sehr kleiner Hitze ca. 15 Minuten sanft köcheln lassen. Topf vom Herd nehmen. Vanilleschote entfernen. Gelatineblätter ausdrücken und in der Panna unter Rühren auflösen. Panna auf kleine, mit kaltem Wasser ausgespülte Puddingförmchen verteilen, auskühlen lassen und dann mindestens 3–4 Stunden in den Kühlschrank stellen. Die Förmchen danach stürzen, mit Sirup übergießen und mit Beeren und Früchten dekorieren.

Tipp

Der Karamellsirup kann auch durch Vinsanto oder Beerenlikör ersetzt werden.

Wein

halbtrockener Lambrusco

für den Teig:
200 g griffiges Weizenmehl
200 g Hartweizengrieß aus Durumweizen
4 Eier
4 EL Olivenöl
4 EL Wasser
1 TL Salz

für die Fülle:
4 Erdäpfel
1 Apfel
1 Birne
1–2 EL fein gehackte Kräuter
(Petersilie, Basilikum, Minze, Zitronenmelisse, Majoran u.Ä.)
geriebene Schale von 1 Zitrone
1 EL Rosinen
4 zerdrückte Kekse
100 g geräucherter Ricotta
50 g geriebene Bitterschokolade
4 EL Zwetschkenmarmelade

zum Anrichten:
2 EL Staubzucker
1 TL Zimt
4 EL geriebener Räucherricotta
6 EL zerlassene Butter

CJALÇONS/Süße Nudeltaschen aus Friaul

Aus den angeführten Zutaten einen geschmeidigen Nudelteig kneten. Am besten mit Hilfe einer Nudelmaschine möglichst dünn ausziehen oder mit einem Nudelholz dünn auswalken. Aus dem Teig mit einem runden Ausstecher (oder einem Glas) runde Scheiben von ca. 8 cm Durchmesser stechen. Für die Fülle Erdäpfel kochen und durch ein Passiersieb drücken. Die übrigen Zutaten für die Fülle möglichst zerkleinern und mit dem Erdäpfelpüree vermischen. In die Mitte jedes Teigplättchens etwas Fülle setzen und den Teig täschchenartig (wie für Ravioli) umschlagen. Rand mit Daumen und Zeigefinger gut verschließen.
Die Cjalçons in reichlich Salzwasser al dente (bissfest) kochen und abtropfen lassen. Mit geriebenem Räucherricotta und Zimtzucker bestreuen sowie mit reichlich brauner Butter beträufeln und heiß servieren.

Wein

Ramandolo

Tipp

In Friaul isst man dieses Gericht auch gerne als Vorspeise.

3–4 Pfirsiche
Staubzucker
2 cl Grappa
1 Schuss Grenadinesirup (Granatapfelsirup)
Saft von 1/4 Zitrone
Minze, in feine Streifen geschnitten
Minzeblätter zum Garnieren

für den Camparischaum:
4 Eidotter
50 g Zucker
1 Blatt Gelatine
Schale von 1 Orange, abgerieben
6 cl Campari
4 cl Orangensaft
1 EL Schlagobers, geschlagen
Staubzucker

MARINIERTE PFIRSICHE MIT GRAPPA UND CAMPARIZABAGLIONE/Veneto

Pfirsiche in dünne Spalten schneiden, mit Grappa, Grenadinesirup, Zitronensaft, Minzestreifen und Staubzucker marinieren. Rosettenartig auf Teller gruppieren. Für das Camparisabayon Eidotter mit Zucker cremig rühren und über Wasserdampf aufschlagen, bis die Masse bindet und ein fester, luftiger Schaum entsteht. Kalt eingeweichte, gut ausgedrückte Gelatine einrühren und den Schaum in einem kalten Wasserbad kalt rühren. Mit Orangenschale, Campari sowie Orangensaft abschmecken. Geschlagenes Obers mit etwas Staubzucker süßen und vor dem Anrichten unter den Camparischaum ziehen. Camparisabayon über die Pfirsiche verteilen und mit Minzeblättern garnieren.

Wein

Recioto della Valpolicella

4 Eigelb
4 EL Zucker
150 ml Vinsanto
oder anderer Süßwein
50 ml Ristretto
(sehr starker Espresso)

ZABAIONE AL CAFFÈ/ Emilia Romagna *(Foto)*

Eigelb und Zucker in einer Chromstahlschüssel schaumig rühren. Unter Rühren Marsala und Ristretto beigeben. Alles mit einem Quirler über einem heißen Wasserbad ca. 15 Minuten zu einer schaumigen Creme aufschlagen. In Gläser verteilen und sofort servieren.

Tipp

Die Zubereitungszeit lässt sich mit einem Handmixer wesentlich verkürzen. Die Konsistenz ist dann allerdings eine andere als bei von Hand aufgeschlagenem Zabaione.

Wein

Prosecco di Trebbiano

180 g zimmerwarme Butter
60 g Zucker
1 Ei, 1 Dotter
100 g Mandeln, gemahlen
120 g Mehl
30 g Kakaopulver
Staubzucker

BISCOTTINI/ Schokobusserln aus der Emilia Romagna

Butter mit Zucker, Ei und Dotter schaumig rühren. Dann Mandeln, Mehl und Kakao daruntermischen, zu einem Teig verbinden. Aus der Masse kleine Häufchen stechen, auf ein gefettetes oder mit Backpapier ausgelegtes Blech im Abstand von mindestens 4 cm verteilen und im auf 190° C vorgeheizten Backrohr 10–12 Minuten backen. Biscottini am besten noch warm und mit Staubzucker bestreut servieren.

Wein

halbtrockener Lambrusco

1 l Novello di Valpolicella
oder Rotweinsturm
1 Stange Zimt
3 Gewürznelken
abgeriebene Schale einer halben
Zitrone
40 g Zucker
60 g Mehl
2 EL Pinienkerne
2 EL Rosinen

SUGOLI DI VALPOLICELLA/Süße Rotweinsuppe aus dem Veneto

(Foto)

Den Großteil des Weines mit Zucker und Zitronenschale sowie in ein Leinensäckchen gebundenem Zimt und Gewürznelken erhitzen, ein klein wenig Wein zurückbehalten. In diesem das Mehl auflösen und gut durchquirlen, damit sich keine Klumpen bilden. Die Wein-Mehlmischung in die heiße Weinsuppe einrühren, Rosinen zehn Minuten lang auf kleiner Flamme mitkochen. Wenn die Suppe schön sämig ist, Gewürzsäckchen entfernen, Pinienkerne dazugeben, kurz durchziehen und kalt stellen. Eiskalt servieren.

Tipp

Wenn Sie ein paar Blätter Gelatine unter die Suppe mischen, wird daraus ein ausgezeichnetes süßes Weingelee.

Wein

Recioto della Valpolicella

1 l Wasser
300 g Mehl
150 g Zucker
Saft von 1 Zitrone
40 g Mais- oder andere Speisestärke
200 ml Wasser
2 Packerl Vanillezucker (20 g)
150 g geputzte Nüsse

SUDŽUK/Nusspudding aus Albanien

Mehl mit so viel Wasser verrühren, dass eine breiige, glatte Masse entsteht. Zum restlichen Wasser Zucker und Zitronensaft hinzufügen und alles erwärmen. Sobald die Flüssigkeit aufkocht, Mehlmasse einrühren und bei mäßiger Temperatur einkochen lassen. Dabei ständig rühren, damit nichts anbrennt.
In kaltem Wasser Maisstärke versprudeln und in die halb gekochte Masse einrühren. Masse unter ständigem Rühren weiter kochen und erst vom Herd nehmen, wenn alles eingedickt ist. Zum Schluss Vanillezucker einrühren.
Die gekochte Masse in eine mit Wasser ausgespülte, flache Form streichen, gehackte Nüsse darüber streuen und kühl stellen.
Sobald die Masse nach einigen Stunden erkaltet ist, Würfel daraus schneiden.

500 g Mehl
2 Eier
50 ml Öl
100 g Zucker
20 g Germ
50 ml Schnaps
Rosinen
getrocknete Feigen
Limonenrinde
Backfett
Wasser und Milch nach Bedarf
Staubzucker

FRITULE/Faschingskrapfen aus dem Kvarner

Rosinen und klein gehackte Trockenfeigen in Schnaps einweichen und Germ in 2 Esslöffeln Milch auflösen. Mehl, Eier, Öl und Zucker mit etwas heißem Wasser bzw. vorgewärmter Milch vermischen und daraus einen Teig kneten. Den Teig an einem warmen Ort zugedeckt 3 Stunden lang aufgehen lassen, dabei gelegentlich durchmischen und nochmals aufgehen lassen. Ausreichend Backfett erhitzen, Teig mit Hilfe eines Esslöffels zu Bällchen formen und diese rundum goldgelb ausbacken. Fritole aus dem Fett heben, abtropfen lassen und gut gezuckert sowie mit Limonenrinde bestreut servieren.

Wein

Prosek

2 Lagen Blätterteig, vorgebacken
7 Eier
170 g Zucker
1 Päckchen Vanillezucker
60 ml Rum
1,5 l Milch
Saft einer Zitrone
220 g Mehl
180 g Zucker
500 ml Schlagobers
500 ml pflanzliches Obers
Staubzucker nach Bedarf

KREMŠNITE/Cremeschnitten-Variante aus Slowenien

Eier trennen und Dotter mit Zucker glatt rühren. Vanillezucker, Rum, etwas Milch und Zitronensaft einrühren. Nach und nach das Mehl untermischen. Milch aufkochen, Hitze stark reduzieren und unter ständigem Rühren die Dottercreme einmengen, ohne dass die Flüssigkeit zu kochen beginnt. Eiweiße mit Zucker zu steifem Schnee schlagen und unter die Creme heben. Eine Lage vorgebackenen Blätterteig in eine Backform setzen und die Vanillecreme gleichmäßig auftragen. Creme auskühlen lassen und danach das geschlagene Obers gleichmäßig aufstreichen. Danach die zweite vorgebackene Blätterteiglage aufsetzen. Mit einem scharfen Messer gleichmäßig quadratische Schnitten ausschneiden und mit Staubzucker bestreut servieren.

Wein

Weiße Spätlese aus Pordravje
(Drauland)

250 g Maronipüree
50 g glattes Mehl
7 Eigelb
7 Eiklar
350 g Zucker

für die Maronicreme:
2 dl Schlagobers
100 g Zucker
120 g Butter
120 g Maronipüree
100 g geriebene Schokolade
2 Eigelb

KVARNER MARONI-TORTE/Rezept aus der Villa Astra in Lovran

Eidotter mit wenig Zucker schaumig schlagen. Eiklar, ebenfalls mit etwas Zucker, steif schlagen. Mehl, Maronipüree und Dotter gut vermischen. Eischnee darunter ziehen. Eine Springform befetten, die Masse einfüllen und bei 180° C etwa 35 Minuten lang backen. Biskuit aus der Form lösen und erkalten lassen. Inzwischen die Creme zubereiten und dafür Eigelb, Obers und Zucker über Dampf dick schlagen. Anschließend Butter, Maronimasse und Schokolade einmengen. Danach die Biskuittorte der Länge nach halbieren und mit der vorbereiteten Maronicreme in der Mitte füllen. Die Torte mit dem Rest der Creme rundum bestreichen und mit Hilfe einer Spritztüte dekorieren. Sehr hübsch sieht es auch aus, wenn man die Oberfläche der Torte mit Maronireis oder fein gehackten Maronisplittern bestreut.

Wein

Prosek

500–700 g geputzter Speisekürbis
500–600 g Strudel- oder Blätterteig
3 Eier
3 EL Öl
40–50 g Zucker
1 Packerl Vanillezucker
1 kleiner Löffel Zimt
5 EL Öl zum Überbacken
2 EL Staubzucker

SÜSSE KÜRBIS-PITA/Bosnien-Herzegowina

Geputzten Kürbis mit dem Reibeisen reiben. In einer Pfanne Öl und Zucker erhitzen und darauf den geriebenen Kürbis streuen. Kürbis kurz anrösten und, sobald er Wasser zieht, weiter dünsten, bis das Kürbisfleisch weich ist. Kürbis gut überkühlen lassen und erst dann versprudelte Eidotter beigeben sowie den aus den Eiklar geschlagenen Schnee unterziehen.
3–4 Blatt Teig mit reichlich Öl beträufeln. Zwischen den Teigblättern je ein Drittel der Kürbisfülle aufstreichen. Auch das Deckblatt gut mit Öl beträufeln. Die Pita 40–45 Minuten im auf 175° C vorgeheizten Backrohr backen und anschließend abkühlen lassen. Dann erst mit einem Gemisch aus Staub- und Vanillezucker bestreuen und die Pita in Würfel schneiden.

1 l Milch
1 Messerspitze Salz
1 ungespritzte Zitrone, in Streifen geschnitten
250 g Kristallzucker
90 g Arborioreis
4 Eier
1 Dotter
80 g Mandeln, blanchiert, geschält und klein gehackt
2 EL Aranzini, klein gehackt
2 EL weiche Butter für die Form
2 EL Pangrattato (Weißbrotbrösel)
4 cl Brandy

SÜSSE RISOTTOTORTE/Marken

Die Milch mit dem Salz, der Zitronenschale und dem Kristallzucker erhitzen und die Hitze sofort auf ein absolutes Minimum reduzieren, sobald die Flüssigkeit Blasen zu werfen beginnt. Den Reis hinzufügen, gut durchrühren und 150 Minuten leise dahinköcheln lassen. Dabei ist es wichtig, immer wieder umzurühren, damit sich der Reis nicht anlegt. Wenn daraus zuletzt ein sämiger Milchbrei von leicht bräunlicher Tönung entstanden ist, entfernt man die Zitronenschalen und lässt den Brei auskühlen. Mittlerweile werden die Eier mit dem zusätzlichen Dotter gut verquirlt und vorsichtig unter den Reisbrei gehoben. Man aromatisiert das Ganze mit Mandeln und Aranzini, rührt alles noch einmal gut durch und gießt die Masse in eine gut ausgebutterte und mit Paniermehl ausgestreute Tortenspringform um, in der man sie im auf 180° C vorgeheizten Rohr eine Stunde lang ausbäckt. Ist die Torte fertig, sticht man sie an mehreren Stellen an und lässt den Brandy einsickern und auskühlen, bevor man sie aus der Springform löst. Die Reistorte wird frühestens einen Tag später gegessen, schmeckt aber noch intensiver, wenn man sie zwei bis drei Tage stehen lässt.

Wein

Verdicchio dei Castelli di Jesi

Tipp

Lösen Sie gleich zu Beginn eine Messerspitze Safranfäden in der Milch auf, dann erhält die Risottotorte einen besonders exotischen Geschmack.

200 g ganze Haselnüsse
7 Eiklar
1 Prise Salz
200 g Staubzucker
Butter für die Form
1 dl Amaretto

AMARETTO-TORTE/ Emilia Romagna

200 g ganze Haselnüsse in Pfanne oder Rohr anrösten, auskühlen lassen und mit einem Wiegemesser grob hacken. 7 Eiklar mit einer Prise Salz zu steifem Schnee schlagen. Nach und nach behutsam gehackte Haselnüsse und 200 g Staubzucker unterheben. Springform mit Butter gut ausstreichen oder mit Backpapier auslegen. Rohr auf ca. 150° C vorheizen. Teig aufstreichen und etwa 40 Minuten im Backrohr backen. Auskühlen lassen, in Stücke schneiden, mit Amaretto beträufeln und diesen vor dem Servieren kurz einziehen lassen.

Tipp

Statt mit Amaretto kann die Torte auch mit Süßwein beträufelt werden.

Wein

Vinsanto

200 g besonders feines Weizenmehl
8 EL Kristallzucker
4 Eier
geriebene Schale von einer Zitrone
1 l Milch
1 klein gehackte Vanilleschote
1 Ei zum Panieren
250 g Semmelbrösel
Öl oder Fett zum Ausbacken
Vanillezucker zum Bestreuen

CREMA FRITA/ Schwimmend ausgebackene Eiercreme aus dem Veneto

Das Mehl durch ein feines Haarsieb in eine Schüssel sieben und mit den Eiern, dem Zucker und der Zitronenschale durcharbeiten. Nach und nach auch die Milch zugießen und unter ständigem Rühren zehn Minuten knapp unter dem Siedepunkt ziehen lassen, bis eine dicklich-sämige Creme entsteht. Die Creme auf ein befettetes Backblech gießen, die klein gehackte Vanilleschote darüber streuen und erkalten lassen. Aus der steif gewordenen Creme kleine Quadrate schneiden, diese zuerst in Bröseln, dann im verschlagenen Ei und anschließend noch einmal in Bröseln wälzen und in Fett schwimmend ausbacken. Mit Vanillezucker bestreut heiß servieren.

4 Eidotter
3 Eiklar
60 g Vanillezucker
40 g Kristallzucker
500 g Mascarpone
1 klein gehackte Vanilleschote
32 Biskotten
5 cl Weinbrand
4 cl Kaffeelikör
200 ml starker Espresso
100 g Bitterschokolade, fein gerieben
(ersatzweise Kakaopulver)

TIRAMISU/Venezianische Biskottencreme

Zunächst einmal wird Kaffee von der Stärke eines italienischen Espressos zubereitet. Dann zerstößt man die Vanilleschote im Mörser und stellt diese beiseite. Nunmehr werden die Eidotter mit Hilfe eines Schneebesens mit dem Vanillezucker in einem großen Gefäß gründlich schaumig gerührt. Dann wird löffelweise der Mascarpone hinzugefügt und mitsamt der klein gehackten Vanilleschote eingerührt, bis eine gelbliche, feine und sämige Masse mit kaum wahrnehmbaren schwarzen Pünktchen entsteht. In einem anderen Gefäß schlägt man aus dem Eiweiß und dem Kristallzucker einen schönen, schaumigen Eischnee. Den Schnee hebt man löffelweise und unter vorsichtigem Umrühren in die Mascarponemasse, bis daraus eine glatte Creme wird. Man vermischt den Kaffee mit dem Cognac und dem Kahlúa-Likör und schüttet die Flüssigkeit auf eine Vorlegplatte, so dass man darin bequem die Biskotten tränken kann. Mit einem Teil dieser Biskotten legt man nunmehr den Boden einer Kastenform aus und bestreicht sie mit einer etwa 1 cm hohen Cremeschicht. Dann wird alternierend jeweils eine Lage Biskotten und eine Lage Creme aufgetragen. Die oberste Schicht muss Creme sein, die man mit einer Teigkarte ganz glatt streicht und mit der fein geriebenen Bitterschokolade oder mit Kakaopulver bestreicht.

Wein

Moscato dei Colli Euganei